펭귄
만나러 가자

펭귄 만나러 가자

초판 1쇄 발행 2024년 11월 25일

지은이 임미리
펴낸이 장길수
펴낸곳 지식과감성#
출판등록 제2012-000081호

교정 김나현
디자인 정윤솔
편집 정윤솔
검수 이주희, 이현
마케팅 김윤길, 정은혜

주소 서울시 금천구 벚꽃로298 대륭포스트타워6차 1212호
전화 070-4651-3730~4
팩스 070-4325-7006
이메일 ksbookup@naver.com
홈페이지 www.knsbookup.com

ISBN 979-11-392-2239-5(03810)
값 16,800원

- 이 책의 판권은 지은이에게 있습니다.
- 이 책 내용의 전부 또는 일부를 재사용하려면 반드시 지은이의 서면 동의를 받아야 합니다.
- 잘못된 책은 구입하신 곳에서 바꾸어 드립니다.
- 이 책은 전라남도, (재) 전라남도문화재단의 후원을 받아 발간되었습니다.

지식과감성#
홈페이지 바로가기

펭귄
만나러 가자

임미리 수필집

지식과감성#

프롤로그

  책을 발간하면서 초심의 어느 날로 돌아가 되짚어 본다. 쓰지 않으면 죽을 것 같은 마음 때문에 마음 둘 곳 없어 글을 썼으나 그것이 발목을 잡을 줄은 몰랐다. 퇴색된 그 시간이 시나브로 흐르고 초심의 마음이 헛것이었음을 들키고 산다.

  사람은 경험하고 후회하고 깨닫는 시행착오를 통해 인생을 배운다고 하지만 삶은 가혹하다. 신은 나에게만 흑독한 경험을 주는 것은 아닌가 절망했으며, 홀로 수없이 무등산을 오르며 삶을 돌아보게 되었다. 모두가 평등한 세상을 기원한다는 무등(無等)에 이르는 길은 어디에도 없었다. 인간의 욕망이란 끝이 없어서 무등(無等)에 들 수 없음이다.

  때론 절망이 악마처럼 나에게 기웃거려 좌절하게 한다. 노르웨이 오슬로에서 만난 에드바르 뭉크의 〈절규〉가 그림자처럼 따라붙었을까? 수없이 복제된 〈절규〉 그림은 인생이란 고통과 절규로 점철되어 있다고 속삭인다. 말할 수 없는 고통이 엄습해 오더라도 오롯이 혼자만이 감내해야 한다는 것을 안다. 그럼에도 불구하고 다시 글을 쓰고 세상에 책을 내

놓기로 한다. 이것마저 하지 않는다면 지나온 세월을 사할 일도 없으리라. 시행착오는 끝이 없는 것이라서 모든 것을 내려놓고 흔들리더라도 다시 돌아가야겠다. 초심으로.

 이번 수필집에서는 나를 살게 해 주시는 부모님과 관련된 일, 여행을 통해 바라보는 바람 같은 삶, 드라마나 영화 등을 보면서 느끼는 감정과 수많은 대상을 바라보는 사색의 시간을 정리했다. 모두가 일상에 관한 것들, 나의 삶이다.

 책을 발간하는 고뇌의 작업을 후회한다. 그렇지만 나를 들여다보며 사는 일에서 벗어날 수 없는 것이 삶이라는 것을 알기에 다시 글을 쓸 것이다. 마음을 다독여 보는 시간을 갖기 위함이라는 핑계를 대 본다. 벗어날 수 없는 삶의 굴레에서 펭귄을 만나러 가야겠다는 희망과 그리움을 품고 살다 보면 좋은 날이 올 것이다. 그리하여 또 살아질 것이라는 믿음을 가슴에 새긴다.

2024년 가을, 임미리

목차

프롤로그 4

Part 1.

옹이	12
생명 사유	18
발톱 사유	23
복사꽃, 피멍	28
기억의 부재	33
하염없는 기다림	36
술보다 독한 인생	39

Part 2.

슬도(瑟島), 묵상	44
삶은 여행이다	50
그리운 섬	55
내 이름은 독도다	60
도망가자, 괜찮을 거야	65
또 봄이 오려나 봐	70
무등, 완성 길	74
물염(勿染), 세상에 물들지 마라	79
펭귄 만나러 가자	84

Part 3.

연두의 시간	90
잘 이별하는 법	94
행운에 대한 로망	99
시간의 깊이	104
싸리나무 상념	108

모과를 닮고 싶다	112
나목(裸木)	116
왔던 길 기억하니?	120
물동이의 무게	124
도서관, 조우	129

Part 4.

우아한 거짓말	134
할 줄 몰라서였네	138
재미의 발견	142
일장춘몽, 참회	148
어른의 길이 멀다	152
〈대행사〉를 보며	157
다시 되돌릴 수 없으니	161
로미오와 줄리엣	164

Part 5.

소풍 끝내는 날	170
아닌 것	173
일상으로 돌아갈 날	178
휴학	183
새해는 처음이라지만	187
리라꽃 향기를 돌려주세요	192
일체유위법	196
86병동 602호실	201
손바닥에서 목까지의 거리	208
이제라도 미안해	211
삶이 그대를 속일지라도	214

함축된 생(生)의 진실 찾기 - 수필가 장미숙   218

옹이

백마 능선의 운무가 걷힌다. 산 아래는 더할 나위 없이 선연하여 마음이 숙연해진다. 전전긍긍하며 걸어온 길이 아득해 돌아본다. 오랜 시간 무등산을 지켜 낸 옹이 박힌 나무들이 여기저기 눈에 밟힌다. 나무들 사이로 아버지의 옹이가 보이는 듯하다. 무등산을 뒤로하고 서둘러 가파른 산에서 내려와 시골집으로 내달린다.

요즘 들어 아버지는 가끔 먼 곳에 시선을 가둔다. "죽는 날까지 하늘을 우러러/ 한 점 부끄럼 없기를/ 잎새에 이는 바람에도 괴로워했다"*라고 하는 윤동주 시인의 시를 알게 되면서 나는 그 이름이 좋았다. 세련되고 멋스러워 혼자서 흡족해했다. 〈별 헤는 밤〉을 읽으면 가슴이 얼마나 절절했던가. 내 아버지 이름은 동주다. 시인의 이름과 같다는 것 하나만으로도 아버지가 믿음직스럽고 자랑스러웠다.

할아버지는 아버지가 초등학교 졸업하기 전에 돌아가셨

---

* 〈서시〉 윤동주

다. 어느 날 아침에 일어나 먼 곳으로 시선을 두고 "아무래도 이제 더는 살 수 없을 것 같으니 너희 어머니와 동생들을 잘 부탁한다."라고 하시고 그렇게 훨훨 가 버렸다. 몸이 건강하지 못한 어머니와 오 형제를 남기셨을 뿐, 기울어 가는 집안의 나이 어린 아버지가 할 수 있는 건 많지 않았다.

아버지가 한국에 들어온 나이는 8살 때였다. 일본에서 태어나 살다가 1945년 해방이 되었을 때 부모님 그리고 형제들과 어렵게 배를 타고 한국 땅을 밟았다. 해방을 맞이하는 기쁨이 어떤 것이었는지 깨달을 나이는 아니었지만, 귀국선의 흥분과 희망의 기분을 맛보았을 것이다. 귀국선을 타고 오다가 배가 침몰했다면 아마도 이 세상에 나라는 존재는 없었을지도 모른다.

언젠가 한국으로 돌아오는 첫 귀국선이 폭발하여 침몰했다는 글을 우연히 읽게 되었다. 단 한 번도 의심해 보지 않았던 침몰 사건이었다. 고향 땅으로 돌아간다는 희망을 안고 배에 올랐을 사람들의 절망을 생각하는 계기가 되었다. 제1호 귀국선이었던 '우키시마오'의 석연치 않은 침몰은 지옥 자체였다고 했다. 8천 명이 넘는 사람이 탔는데 생존자는 천여 명이었다고 전해진다. 미군이 설치한 기뢰 때문이든 일본인이 고의로 배를 폭발시키려고 했든 수천 명이 수장된 사실과 진상 조사도 하지 않는 진실 앞에 무기력한 실정을 되돌아보게 되었다.

　더불어 오래전에 상영한 〈덕혜옹주〉 영화의 한 장면이 떠올랐다. 1945년 해방 이후에 고국으로 돌아가기 위해 부둣가에 있었던 덕혜옹주의 모습, 왕조의 부활을 두려워했던 이승만 정부 때문에 귀국선을 타지 못했던 애달픈 장면이다. 불운하고 암울한 시대를 살면서 고국으로 돌아오고자 했지만, 절망의 고통만을 짊어진 그녀의 모습이었다.

　그 어려웠던 시절, 아버지가 어떻게 배를 타고 한국에 오게 되었는지 상상이 되지 않았다. 돌아오지 않는 할아버지를 찾아 현해탄을 건넜다는 할머니 이야기도 구체적으로 다가오지 않았다. 〈덕혜옹주〉 영화를 보면서 비로소 살아도 산 것이 아닌, 아비규환이었을 상황이 그려졌다. 일본에 끌려간 뒤 그녀가 우울증과 고독감으로 몸서리친 이유를 알 것도 같았다.

　어렵게 한국에 들어와 초등학교에 입학했을 때 학생들이 아버지에게 맨 처음 가르쳐 준 건 욕설이었다. 충격을 받았지만 그래도 괜찮았다고 한다. 모두가 어려운 시절이었으며, 여기는 일본이 아니고 한국이었으니까.

　시골집에 도착하여 아버지의 얼굴을 보니 오늘은 더 많이 야위어 보인다. 아버지는 입이 짧았다. 젊은 시절부터 앓았던 위궤양 때문에 식당 밥을 드시지 않았다. 엄마는 아버지를 위해 늘 밥을 준비했다. 예식장에 가거나 외출을 해도 빈속으로 돌아와 늦더라도 집밥을 드셨기 때문이다. 그 긴 세월 아버지의 입맛을 책임지고 계셨기에 엄마의 노동 시간은 더욱 길기만 했다.

  할아버지는 늘 액자 속에 있었다. 녕성 사진 속 모습이 아버지와 비슷하기도 하고 다르기도 한 할아버지는 액자 속에서 말없이 우리 가족을 내려다보고 있을 뿐이었다. 나라 잃은 설움 속에서 궁핍한 삶에 찌들었던 할아버지는 일찍이 건강을 잃었다. 독자였기에 살아생전, 형제가 없음을 한탄하셨다.

  할아버지를 일찍 여읜 아버지의 삶은 만만치 않았다. 어쩌면 귀국선을 타고 돌아올 때 이미 예정된 운명이었는지도 모른다. 남겨진 재산도 없고 특별히 배운 것도 없었으니 건강하지 못한 할머니를 봉양하는 일이 쉽지 않았음을 지레짐작할 뿐이다.

  어느 날, 큰 결심을 하고 아버지는 짐을 싸서 객지로 가는 열차를 탔다. 하지만 남겨진 할머니와 동생들이 당장 무엇을 하며 먹고살 수 있을 것인지 눈앞이 아른거려 그만 회귀하고 말았다고 한다. 근근이 하루 일을 하면서도 주경야독으로 천자문을 익히며 《논어》를 읽었다고 했다. 그것이 삶의 촉매가 되어 오늘까지 환경 탓하지 않고 잘 살아왔다고 늘 말씀하셨다.

　어려운 시대를 살아 낸 아버지의 삶을 제대로 응원하지도 못했다. '죽는 날까지 하늘을 우러러 한 점 부끄럼 없기를' 윤동주의 시처럼 살고자 했던 아버지의 훈계를 모르는 바는 아니지만 나긋나긋하게 받아들이지도 못했다. 이제 와 무엇을 할 수 있겠는가. "자식이 부모에게 효도하고자 하나 부모는 기다려 주지 않는다."라는 《한시외전》의 한 구절을 되뇌어 본다. 아버지는 힘들게 살아오셨기에 열심히 공부하지 않는 우리를 못마땅해하셨다. 세상의 운무에 갇혀 사느라 아버지의 마음을 헤아리지 못했다. 부모님을 제대로 섬기지도 못하고 세월만 좀먹고 있음을 알기에 야윈 아버지의 모습이 더 안타깝다.

　아버지가 살아온 길은 옹이로 새겨진 세월이다. 나무에 박힌 가지의 그루터기가 그 나무를 말해 주고 있는 것처럼 아버지의 모습 역시 살아온 세월을 드러내 보여 준다. 흉터라고 부르지 않고 선물이라고 애써 에둘러 보지만 아버지의 가슴속 깊이 생긴 옹이들은 무엇으로도 치유할 수 없음을 안다.

　돌아오는 길, 허공을 응시하는 아버지의 모습이 떠오른다. 시대적인 상황만을 탓할 수는 없다. 아무리 어렵다고 해도 아버지가 귀국선을 타고 현해탄을 건널 때와 지금까지 살아온 시대를 무엇에 비교하여 말할 수 있겠는가. "너의 가는 곳 그 어데이냐. 쓸쓸한 세상 험악한 고해에 너는 무엇을 찾으려 가느냐." 〈사의 찬미〉 한 토막이 귓전을 맴돈다.

생명 사유

 태양이 잉걸불처럼 내리쬔다. 할머니 몇 분이 그늘도 없는 노상에 다붓다붓 앉아 농산물을 팔고 있다. 고만고만한 것들 사이로 고무 대야에 담겨 언뜻 비치는 복숭아가 손짓한다. 가까이 가서 연분홍빛 복숭아를 보니 입맛이 돈다. 복숭아를 보면 몸이 가렵긴 해도 관심이 간다. 노상 어디쯤에 엄마가 붙박이로 쪼그리고 앉아 있을 것만 같아서다.

 엄마에게도 연분홍 복사꽃처럼 곱고 매초롬하던 시절이 있었다. 복숭아처럼 탱글탱글하고 오달지던 엄마는 이제 주름살 가득한 할머니가 되어 이울고 있다. 꽃이 피고 지고 열매가 맺고, 그런 세월을 벗 삼아 사는 동안 복숭아나무는 고목이 되었다. 엄마의 얼굴에 검버섯이 피듯 나무도 여기저기 검버섯 같은 옹이를 가득 키워 냈다. 복숭아 농사를 짓는 일은 복사꽃 향기처럼 은은하지도 복숭아처럼 달콤하지도 않다.

 복숭아 농사는 다른 과일보다 일하기가 어렵고 불편한 점이 많다. 복숭아에 있는 털 때문에 작업하기도 까다롭고 자칫 피부에 닿기라도 하면 알레르기 반응을 일으키니 아무나 할 수 있는 일이 아니다. 또한, 복숭아 수확 철이 여름이라 뜨거운 태양 아래서 작업해야 하는 불편함이 있다. 백도 품종은 물러서 조금만 잘못 만져도 상품 가치가 떨어진다. 복숭아와 복숭아 사이에 틈을 주지 않으면 상해서 여러 가시로 손해가 많은 과일이다. 이러저러한 어려움이 많다는 가족들의 성화에 못 이겨, 아버지는 복숭아 농사를 그만 짓겠다고 약조를 하셨다.

우리는 소박한 꿈을 꾸었다. 이제 우리 가족도 과수원을 폐원하고 다른 사람들처럼 바닷가나 계곡으로 여름휴가도 가고 좀 편히 살 수 있으리라는 꿈이었다. 아버지는 무슨 생각을 하셨는지 우리의 그 꿈을 한순간에 날려 버렸다.

"복숭아나무가 있는 과수원 폐원 안 하기로 했으니 그렇게 알아라."

그 말씀을 끝으로 아버지는 가족들의 마음을 모르는 척 돌아앉아 버렸다.

세계무역기구 출범 이후 칠레와 FTA를 체결하면서 정부에서 과수원 폐원 추진과 함께 작목 전환 지원을 해 주겠다고 했다. 기회는 이때다 싶어 부모님 연세도 있고 하니 아버지를 설득했다. 복숭아나무를 베어 버리겠다고 아버지는 반쯤 승낙하셨고, 드디어 폐원을 결정했다. 그런데 아버지가 마음을 바꾸셨다.

 다시 힘든 노동의 시간은 계속되었다. 지칠 줄 모르는 한여름의 태양은 가족들의 소박한 꿈 따위는 안중에도 없었다. 땀을 뻘뻘 흘리면서 뜨거운 태양을 벗 삼아 여름을 보내야 했다. 가끔 태풍 소식이라도 들리면 복숭아가 떨어질까 노심초사하면서 밤을 지새웠다. 하늘도 무심하다는 엄마의 한숨 소리는 어긋나는 법이 없었다. 경제적으로 크게 도움도 주지 않는 과수 농사는 가족들에게 고통 그 자체의 시간으로 얼룩지기도 했다.

 "살아 있는 나무를 어떻게 자르냐. 생명 있는 것을 함부로 자르면 쓰겠냐?"

 힘든 시간이 고통스럽게 흐르고 사정이나 좀 알아보자면서 아버지를 붙들고 물었을 때 태연히 하신 말씀이다. 아버지가 여름을 대하는 자세는 우리와는 다른, 생명 존중의 시간 같았다. 알 듯 모를 듯 시간만 좀먹고 이제 그 무심한 여름은 아무리 강산이 변해도 끝이 날 것 같지 않게 되었다. 우리야 대충 하면 되었지만, 엄마는 농사에 찌들어 몸이 천근만근이 되는 시간을 보내셨다.

 그 세월을 무엇에 비겨 말할 수 있으랴. 만생종 백도가 한창 출하되는 시기는 7월 말에서 8월 15일 전후다. 한 해 한 해 여름은 한없이 무더워졌고, 작업은 더 어려워졌다. 유년의 엄마는 고무 대야에 복숭아를 담아 머리에 이고 오일장 난전에서 팔았다. 때론 복숭아를 시외버스에 싣고 남광주 도깨비시장으로 팔러 다니시곤 했다. 무더운 여름 복숭아를 따서, 그늘도 없는 노상에 앉아 팔아야 하는 고된 작업은 복사꽃처럼 고왔던 엄마의 얼굴을 검버섯과 주름으로 보상했다.

언제부턴가 노점상을 하는 사람들을 보면 엄마의 모습이 그려지곤 했다. 직업 특성상 단속 업무를 해야 하는 딜레마에 빠졌던 시절이 있었다. 산다는 건, 하고 싶은 일만 할 수도, 하기 싫은 일이라고 하여 안 할 수도 없었다. 가끔은 부합되지 않는 일이라도 어찌할 수 없을 때가 있었다.

정부의 시책이 폐원이라고 하지만 아버지도 정성 들여 키운 나무를 자를 수는 없었을 것이다. 고단한 인생길에 만난 복숭아나무였다. "복숭아나무가 있었기에 복숭아를 팔아 너희들 육 남매를 키웠다. 그 인연을 어찌 모른 척하고 단숨에 베어 버릴 수 있겠냐."라고 하셨다. 복숭아나무에 의지하며 평생 고난의 시간을 함께 견뎌 냈다고 했다. 의사 표현을 못하는 나무라고 해도 생명이 있음을 이야기하실 때는 유독 완고한 표정을 지으셨다.

그 세월이 벌써 사십여 년이 넘는다. 노점상을 하는 할머니들을 보면서 어찌해 볼 수 없는 세월의 무게를 가늠해 보게 된다. 부모님도 나이 드시고 나무도 세월을 비켜 갈 수 없는 고목으로 성장했다. 더불어 자식들도 각자의 성을 찾아 날아갔다. 하지만 남동생들은 아직도 복숭아 농사에 매달리고 있다. 더는 부모님이 감당하기에 힘든 노동의 시간을 요구했다. 해도 해도 끝이 없는 일은 우리 모두의 짐이 되었다.

 자연과 더불어 살아온 부모님께 생명 없는 것은 없었다. 폐원을 할 수 없는 상황이 되면서 부모님이 나이 드시면 과수 농사를 하지 않아도 될 줄 알고 세월이 가기만을 기다렸다. 과수원의 주인이 되고 싶었던 아버지는 과수원의 노예가 되어 젊은 날을 그곳에 바치셨다. 더불어 엄마의 꿈도 복사꽃처럼 하르르 지고 곱던 모습은 사라져 얼굴에는 주름살만 한가득 채워졌다.

 이제 대물림된 과수 농사를 거들고 있는 동생들의 삶이 누구도 구제할 수 없는 고통의 길에 들어섰음을 알기에 안타까운 마음이다. 나무와 함께 더불어 살아온 세월이 동생들의 시간마저 삼켜 버릴까 걱정이다. 다만 이 여름 저 나무의 생명을 지킬 수 있도록 태풍이 무사히 지나가길, 부모님의 근심이 가뭇없이 사라지고 청명해지길 바란다.

발톱 사유

 발톱이 새 부리처럼 굽어 있다. 아버지의 발톱은 한눈에 봐도 변색해 거무스름하고 딱딱해 보인다. 무좀 때문에 발톱이 이렇게 변형된 것이라고 설명해도 이해하려 들지 않았다. 당신의 발톱은 정상이라고 나중에 자를 것이니 관심을 끊어 달라고 했다. 발톱이 짧으면 발가락이 힘을 쓰지 못한다는 궤변과 함께.

 아버지의 발톱을 나는 외면하고 싶었는지도 모른다. 알아서 하겠거니 했다. 얼마 후 아버지 건강에 문제가 있어 병원에 갈 일이 생겼다. 시골집에 도착하니 양말을 신고 있는 아버지의 발톱이 먼저 눈에 띈다. 뻣뻣한 발을 들어 신발을 신겨 드리는데 가슴에 싸한 찬바람이 지나간다.

 요즘 들어 많이 쇠약해진 아버지는 병원에 가지 않겠다고 했다. 거절하는 아버지를 모시고 병원으로 향했다. 손주 녀석이 병원에 동행하겠다고 하니 겨우 승낙한 것이다. 병원에 가는 동안 차 안에서 할아버지가 좋아하는 노래라며 손주가 〈눈물 젖은 두만강〉을 틀어 드리니 좋아하시면서 따라 부르신다.

상담 센터에 들러 상담을 받는데 젊은 날의 입담이 여전히 살아난다. 의사 선생님과 상담 도중 병원에 오는 길에 〈눈물 젖은 두만강〉을 들으면서 왔다고 자랑한다. 의사 선생님이 한 곡 뽑아 보라고 하니 아버지는 정말로 노래를 부른다. "두만강 푸른 물에 노 젓는 뱃사공. 흘러간 그 옛날에 내 님을 싣고 떠나던 그 배는 어디로 갔소. 그리운 내 님이여 그리운 내 님이여." 말리지 않으면 끝까지 부를 태세였다.

노래를 부르는 아버지의 목젖이 올라온다. 목청을 높이는데 그 사이로 눈물방울이라도 흐르는 것처럼 보는 내가 힘이 들었다. 딱딱한 발톱이 자꾸만 아른거렸다. 딱딱해진다는 것은 굳어 간다는 것이고, 언젠가는 피의 흐름이 멈춘다는 것이다. 인정하고 싶지 않은 시간이 다가오고 있음을 알고 있다. 그리운 것들은 사라지고 우리는 서로를 외면하고 있는지도 모른다.

아버지는 노래 부르는 걸 좋아한다. 당신의 건강과 상관없이 누군가 말만 걸면 한 곡조 뽑을 태세다. 그렇지만 이제 건강을 자신하기 어려운 상황이 오고 있다. 그런데도 병원의 도움을 받지 않으려 한다.

귀가 아프다 해서 읍내에 나간 김에 이비인후과에도 들렀다. 의사 선생님이 귀를 보더니 귀지 때문에 막혔으니 물약을 주면서 귀에 넣으라고, 녹으면 다시 들르라고 했다. 아버지는 돌아오는 길에 "이제 갈 때가 되어서 귀가 아픈 것 같다고, 이 병으로 돌아갈 모양이라고 혼자 생각했다."라고 한마디 던진다. 이제 아버지는 새 부리를 앞세우고 날개를 펴 멀리 날아갈 준비를 하고 있는지도 모른다.

나이를 먹으면 누구나 돌아갈 때를 생각할 것이다. 잘 돌아가는 일이 얼마나 중요한지 요즘 문득문득 생각하게 된다. 아버지도 잘 돌아갈 그날을 수없이 되새기신 모양이다. 귓속이 아파서 한쪽 얼굴이 마비된 것처럼 힘들었다고 한다. 이제 돌아간다면 이 병으로 돌아갈 것이란 생각까지 했다니 속수무책으로 마음이 어지러워진다. 딱딱해진다는 건 마음도 생각도 굳는 일일 것이다.

다음 날 추가 진료를 예약하고 시골집으로 향했다. 방 안으로 들어서니 양말을 벗은 아버지의 발톱이 나를 보고 있다. 딱딱하게 굳은 발톱이 새 부리처럼 뾰족하다. 불효녀는 난생처음 아버지의 발톱을 잘라 드려야겠다는 생각이 든다. 험난하게 살아오신 삶을 대변하고 있는 듯한 발톱을 보는 일이 버겁다.

산수(傘壽)를 훨씬 지나 구순(九旬)을 향하는 아버지의 발톱, 살면서 한 번도 발톱을 잘라 드린 적이 없었다는 사실이 문득 무겁게 다가와 나를 친다. 이게 무엇이라고, 무엇이 바쁘다고, 그동안 한 번도 잘라 드리지 않고 외면하고 방관만 해 왔을까.

"아버지! 발톱 잘라 드릴게요."

아버지는 그동안 완강히 싫다고 했었는데 오늘은 순순히 발톱을 내민다. 발톱이 너무 딱딱해서 이대로는 자를 수가 없다. 세숫대야에 미지근한 물을 담아 와 그 속에 발을 넣는다. 물로 인해 발톱이 부드러워지기를 기다린다.

"물이 너무 뜨거우면 살갗이 홀라당 벗겨지니 안 된다."

살갗의 감각이 둔한 것을 당신도 알기에 불안했는지 한마디 하신다. "아버지! 걱정하지 마세요, 제가 알아서 할게요."라고 답변하면서도 마음이 무겁다. 살집이 없는 아버지의 다리 역시 발톱처럼 굳어 딱딱하다. 부드럽지 않다는 것은 피의 흐름이 자유롭지 않다는 뜻이다. 굳어 있다는 것은 세포가 경직되어 죽어 간다는 의미다. 아버지의 발을 물로 씻겨 드리며 발톱이 부드러워지기를 기다리는데 한없이 더디다.

난생처음 아버지의 발톱을 자른다. 언제 또 해 드릴 수 있을지 모르니 정성을 들인다. 너무 딱딱하고 두꺼워 버겁게 발톱깎이를 들이댄다. 혹여 발가락에 상처가 날까 두렵다. 발톱을 자르는 일이 쉽지 않다. 당신이 걸어오신 삶 역시 그것이 무엇이든 함부로 자르는 일은 쉽지 않았을 것이다.

딱딱하게 굳어 변형된 아버지의 발톱, 기세등등했던 젊은 날의 어느 한때도 저 발톱에서 시작되었음을 알겠다. 늦은 깨달음에 가슴 한쪽이 아리다. 발톱을 앞세워 꿋꿋이 걸어온 아버지의 길이 있었기에 오늘의 내가 이 세상에 발 디딜 수 있었으리라.

복사꽃, 피멍

"고목에서 복사꽃이 피었어야!"

전화기 너머에서 들리는 엄마의 목소리는 봄 처녀처럼 해맑다. 긴 겨울을 보내고 꽃망울을 내민 연분홍 꽃잎의 향기가 전화선을 타고 내게 도착한다. 세상이 봄을 준비하기 전부터 복사꽃이 피기만을 기다렸던 것인지 소식을 알려 주는 엄마. "복사꽃이 얼마나 이쁜지 몰라야, 과수원에 와서 사진 좀 찍고 가거라."라는 엄마의 목소리에 복사꽃물이 가득하다. 그 목소리를 받아 세상에 꽃물이라도 뿌려 주어야 할 것 같다.

서둘러 시골로 향한다. 꽃잎이 지기 전, 엄마의 목소리에서 꽃물이 빠지기 전에 도착해야 한다는 의무감에 사로잡힌다. 봄이면 또 꽃은 피겠지만 복사꽃을 보려면 다시 일 년을 꼬박 기다려야 한다. 엄마가 먼저 전화해서 시골집에 다녀가라고 하는 일은 좀체 없다. 일 년에 한 번 복사꽃 향기가 동구 밖으로 빠져나가기 전에 딸년을 불러들인다. "혼자 보기는 아까워야."라는 말에는 그 예쁜 꽃을 기어이 내게 보여 주고 말겠다는 결기가 숨어 있다.

 엄마는 스무 살 꽃처녀가 되었다. 복숭앗빛 홍조는 감추려야 감출 수가 없다. 스무 살 엄마는 가난한 농가의 나이 많은 아버지를 만나 결혼했다. 복숭앗빛 홍조처럼 감출 수 없는 것이 가난이란 삶의 굴레였다. 그 가난에서 벗어나려고 발버둥 치면 칠수록 더 깊은 수렁처럼 땅속으로 빨려 들어갔다. 벗어날 수 없는 가난과 삶의 고단함에 밤 봇짐을 싸고 싶어도 병든 시어머니와 어린 자식들이 눈에 밟혀 눌러앉았을지도 모른다.

 한문책을 손에 잡은 선비 같은 아버지는 밖으로만 떠돌았다. 물론 아버지 나름의 사명감이 있었겠지만 홀로 자식을 거두는 일이 엄마에게는 쉽지 않았으리라. 아버지는 이른 아침 읍내로 나가면 해가 지도록 경제적인 도움이 되지 않는 일을 하러 다니셨다. 고단한 몸을 뉘면 아침이 되었고, 육 남매나 되는 자식들을 제대로 건사하기도 힘든 나날의 연속이었다.

 우리라도 건강했으면 좋았으련만 사정이 여의치 않았다. 막냇동생이 세상에 나왔으나 선천적으로 건강하지 못했다. 의료보험도 안 되는 시절, 병원비를 감당하지 못해 빚을 지고 갚아 내느라 가정이 평온하지 못했다. 두 살 터울의 우리 형제는 고만고만해서 손이 많이 갔지만 스스로 살아야 했다. 잠결에 엄마가 안 보이면 우리를 두고 밤 봇짐을 싸서 도망가 버린 것은 아닌지 두려웠다.

어느 해 아버지는 조그만 야산을 샀다. 그 산을 개간하여 복숭아나무를 심었다. 나무를 심고 전지를 하고, 구덩이를 파서 거름을 묻어 주는 끝없는 일이 시작되었다. 그 고된 일련의 일들은 엄마의 몫이었다. 사과나무도 배나무도 아닌 복숭아나무는 꽃만 예뻤다. 꽃이 지고 열매가 맺으면 손가락 매듭만큼의 크기가 되기를 기다렸다가 열매를 솎았다. 고개를 올려 나뭇가지에 매달린 열매에 봉지 씌우기를 하면 그 고단함은 배가되었다.

무더운 여름이 오고 비바람이 부는 태풍의 한때를 이겨 내면 뜨거운 태양 아래서 복숭아가 익어 갔다. 연분홍빛으로 익은 백도를 수확할 때쯤이면 엄마의 몸은 만신창이가 되었다. 다른 과일과 다르게 복숭아는 털이 있어서 조금만 잘못 다루어도 알레르기가 일어나기 일쑤였다. 또한, 말캉한 품종이라 조심스럽게 다루어야 했다. 그 복숭아를 화순 오일장으로, 남광주 시장으로 이고 나가면 하루해가 저물어도 소식이 없었다.

우리가 세월을 좀먹으며 객지로 나가는 동안, 허약한 막냇동생은 빈방을 지키며 엄마를 기다렸다. 그땐 의술이 발달하지 못했고 병명조차 제대로 알지 못했다. 우리는 받아들이며 그냥 살았지만, 엄마는 죄인처럼 숨죽였다. 봄 한때 꽃을 피워 활짝 웃고, 수확 때까지 고통만 주는 복숭아나무처럼 동생은 잠깐 웃어 주었을 뿐 동생에게나 엄마에게나 고단한 세월이었다.

빈집을 지키고 앉아 혼자 시간을 보냈던 동생은 고단한 몸을 이끌고 해 질 녘 방문을 여는 부모님을 보아야 했다. 우리는 각자의 시간에 얽매이고 엄마의 고단한 무게는 시간이 흘러도 줄어들지 않았다. 복사꽃이 피고 지고 세월만 흘러갔다. 고단함을 안겨 주는 복사꽃이지만 일 년에 한 번이라도 엄마를 향해 환하게 웃어 주는 것은 복사꽃뿐이었을지도 모르겠다.

스물네 살의 막냇동생은 봄날이 오기 전에 병원에 입원했다. 일반인의 삶을 한 번도 살아 보지 못한 막내였다. 복사꽃이 화사하게 핀 날 병원에서 퇴원했다. 복사꽃 아래서 조카들과 사진을 찍으며 환하게 웃었다. 몸이 좋아진 줄 알았으나 건강을 회복하지 못하고 보라색 오동꽃이 핀 날 이별을 했다. 봄날처럼 화사한 복사꽃 아래에 선 모습은 영정 사진이 되었다.

자식은 가슴에 묻는다고 했는데 엄마의 가슴에는 피멍이 들었다. 아무도 없는 빈집 방문을 열고 들어갈 때마다 '엄마'라고 부르는 막내의 환청을 털어 내며 오랜 세월을 견디었다. 그 많은 세월이 물처럼 흘러갔을 리 없었다. 봄마다 복사꽃은 피고, 사진을 찍으며 가슴에 묻은 자식을 꺼내 보았으리라.

스무 살 꽃처녀처럼 웃는 엄마, 복사꽃이 핀 과수원으로 들어서자 복사꽃 한 가지를 잡고 다소곳이 서 계신다. "엄마 웃어 봐!"라는 말은 공중으로 사라진다. 복사꽃처럼 환한 날들이었으면 좋았을 엄마의 시간은 주름살 꽃만 가득 피워 내고 있다. "꽃이 하도 이뻐서 사진으로 남기고 싶어."라는 엄마의 목소리에 힘이 없다. 사진을 보여 드리니, "어째 좀 이쁘게 안 나온다냐."라고 하면서 예쁘게 찍어 보라고 하신다.

아무리 복사꽃이 어여뻐도 엄마의 세월은 피멍으로 물들었을 것이다. 피멍을 먹고 자란 복숭아나무는 고목이 되었지만 봄이 오면 어김없이 꽃을 피운다. 그 나무 아래서 엄마는 가슴에 묻은 자식을 불러내었으리라. 정성 들여 키워 낸 막내아들을 대신한 꽃이었으리라. 그 꽃을 못난 자식에게 보여 주고 싶었는지도 모르겠다. "징하게 이쁘게 잘 키웠소."라고 말하며 엄마를 향해 환하게 웃어 준다.

기억의 부재

 휴일의 하늘은 곧 빗방울을 떨어뜨릴 것처럼 흐리다. 오늘 하루도 날마다 같은 날이지만 그렇지만은 않다. 날이 갈수록 아버지의 문장은 이해할 수 없는 단어의 조합으로 이루어지고 우리는 알아들었노라 고개를 끄덕인다. 집에 혼자 있게 할 수 없어 패딩을 입혀 드리고 모자와 목도리를 둘러 함께 농장으로 모시고 왔다.

 동생의 부탁으로 전지를 한 나무들을 정리하기로 했다. 아버지는 앉아서 우리들의 느린 행동을 보고 있다. 심심할까 봐 가끔 "아빠! 뭐 해?"라고 큰 소리로 물으면 그냥 보고 있다고만 하신다. 그냥 앉아만 있는 것이 무료할까 봐 다시 물으면 "비위 맞추느라 애쓴다."라고 하면서 웃으신다.

 나무들은 세월을 먹어 오래되었다. 어떤 나무는 칡넝쿨이 돌돌 말고 올라가 한 해를 보내는 일이 쉽지 않았음을 알 수가 있다. 칡넝쿨을 제거하고 전지를 하는 나무를 보며 버티는 일 말고 무엇을 할 수 있었을까 생각한다. 또 다른 나무는 한쪽이 이미 썩었고 나무속에는 벌레들이 겨울잠을 잔다.

아무리 전지를 잘하고 거름을 주어도 시간이 흐르면 나무는 죽어 갈 것이다.

아버지의 뇌에도 저 나무들처럼 사연이 들어차고 있을 것이란 생각이 든다. 그 사연이 무엇이 되었든 아버지의 기억력을 떨어뜨리고 언어 장애를 일으키는 등 문제를 만들고 있다. 우리가 칡넝쿨처럼 아버지의 삶을 옭아맸을 것이고, 때론 뇌 기능이 서서히 문제가 생길 때까지 자식들을 위해 무엇인가를 하시느라 나무처럼 무너지는 줄도 모르고 세월을 보냈을 것이다.

자연의 일부인 나무를 보며 만물의 영장이라는 사람의 삶도 나무와 크게 다르지 않음을 새삼스럽게 마주한다. 꽃을 피우고 열매를 맺고 그 열매들이 잘 익을 수 있도록 최선을 다했던 나무는 고목이 되었다. 인간의 삶도 이와 다르지 않다.

"아빠! 뭐 해?"

"뭣 해야! 너희들 일하는 것 감독하고 있지."

우리가 잘 살기를 바라며 늘 보살피고 단속했던 아버지는 기억의 부재 속에서도 걱정하고 계신다. 갑자기 빗방울이 떨어진다. 흐린 하늘은 우리의 모습을 지켜보면서 참을 수 없는 눈물방울을 내려보내고 싶었을까? 나는 혼자서 알 수 없는 궁리를 한다.

집으로 돌아와 벤저민 하디의 《퓨처 셀프》를 읽는다. 무엇이든 다시 시작하기로 한다. 그것이 무엇이 되었든 잃어버린 것을 찾아야겠다. 거창한 목표가 아니어도 괜찮다. 그냥 다시 작은 것부터 정리하려는데 울컥 올라오는 게 있다. 지금까지 그랬던 것처럼 들키지 않고 무던하게 살아 봐야겠다.

하염없는 기다림

 마음 둘 곳이 없어서일까? 아버지는 오늘도 드라이브를 하자신다. 유일하게 하고 싶어 하는 게 드라이브다. 어디로 갈 것인지 망설이다 집에서 가까운 보성에 있는 바닷가 율포로 향한다. 동면을 지나 사평면을 지나 주암댐을 달린다. 지난봄에는 물 부족으로 단수하게 될까 봐 불편했었는데 물이 가득하니 경치가 좋다. 부모님도 가득 찬 물을 보고 좋아하신다. 이 도로는 벚꽃이 흐드러지게 피었던 지난봄에 보고 오랜만에 달린다. 머지않아 봄이 올 것이고 꽃이 만발할 터이지만, 마음은 흐리다.

 아버지의 기억은 오락가락하신다. 좋은 날도 있고 심해지는 날도 있다. 얼마 전 반가운 뉴스를 접했다. 치매를 유발하는 뇌 노폐물 배출 경로를 국내 연구진이 찾았다고 한다. 치매를 비롯한 신경 퇴행성 뇌 질환의 예방과 치료에 새로운 토대가 될 것이라는 뉴스였다. 실생활에 적용될 수 있는 날이 빨리 오기를 손꼽아 기다린다.

 드라이브할 때 아버지의 마음에 닿는 건 잘 정돈된 묘지다. 따스한 양지쪽에 있는 묘지를 좋아하신다. 묘지를 잘 관리하는 것이 조상에 대한 예라고 생각하신다. 운전하다 보면 경치 좋은 곳에는 묘지가 많다. 열심히 달려 율포 해수욕장에 도착한다. 봄이 가까워지고 날씨가 좋아서인지 사람들이 많다. 차를 주차하고 돗자리를 챙겨 부모님을 모시고 모래사장으로 들어선다.

넓은 모래사장, 푸른 물과 파란 하늘이 탁 트여 있다. 아름다운 경치가 부모님의 마음을 풀어놓은 듯 좋아하신다. 돗자리를 펼치고 모래사장에 앉는다. 아이들이 모래사장을 뛰어다닌다. 아버지는 얼굴이 환해진다. 엄마는 "사람들이 어디로 갔나 했더니 바닷가에 왔나 보다."라고 거드신다. 맨발 걷기를 하는 사람들, 사진을 찍는 사람들, 모래 장난을 하는 아이들, 평온한 바닷가 풍경이 더할 나위 없이 아름답다.

사진을 찍어 동생들에게 카톡으로 보냈더니 율포냐고 묻는다. 엄마께 답장을 보내라고 하자 이내 귀찮아한다. 톡 보내는 연습도 필요하다는 말에 치매 취급하느냐고 한마디 하신다. 그러면서 "바다가 좋다."라고 어렵게 답장을 보내신다.

추우면 집에 가자고 했더니 아버지는 더 있길 원하신다. 애들이 뛰어노는 것도, 바다를 보는 것도 좋단다. 아버지는 늙으면 외롭다고 하신다. 엄마가 외출하면 홀로 방에 앉아 하염없이 기다리는데 시간이 가지 않는다는 것이다.

나이를 먹는다는 것, 자기 몸을 자기가 마음대로 할 수 없다는 것, 기억이 사라진다는 것, 돌아오는 길 수많은 생각이 스친다. 사는 동안 단 하루라도 조금만 더 건강할 수 있길 두 손 모아 본다. 기다리는 일도 외로움이라는 아버지는 또 언제 드라이브하냐며 약조를 하라신다. 아버지와 손가락을 걸어 약속한다. 파블로 네루다의 시 한 구절을 되뇐다. "봄이 벚나무와 하는 것과 같은 걸 너와 함께하기를"* 시처럼 돌아오는 봄날은 아버지와 함께하는 시간이 더 많았으면 좋겠다.

---

* 파블로 네루다 〈매일 너는 논다〉(1924)

술보다 독한 인생

한낮의 더위에 땀방울이 맺힌다. 여동생과 함께 시골집 청소를 하는 일이 만만치 않다. 일상생활을 힘들어하는 엄마를 대신하여 조금만 시간을 내 보자고 한 일이다. 재활용 쓰레기와 이제는 쓰지 않는 아버지의 물건을 정리한다. 여기저기 물건들이 쌓여 있다. 차마 버리지 못하지만 별 필요가 없는 것들이다.

물건을 정리하는데 신문지를 오려서 고이 접어 놓은 것이 눈에 띈다. 펼쳐 읽어 보니 박인환 시인의 〈술보다 독한 눈물〉이란 시다. 오랜만에 읽어 본다. 언제 발간된 무슨 신문인지는 모르겠으나 순간 아버지의 마음 한쪽을 들여다보는 것 같다. 소리 내어 읽는다. "밤마다 내가 마시는 건/ 술이 아니라/ 술보다 더 독한 눈물이었다는 것" 이 시의 제목이 내 눈에는 '술보다 독한 인생'으로 읽혀 입술을 깨문다. 일제 강점기에 태어나 아버지 없는 6·25를 겪으면서 어머니와 동생들을 돌보고 살았던 아버지의 지난 시간이 아스라이 스친다.

지금 아버지는 주간 보호센터에 다니신다. 삼 개월 정도

다니다 몸이 나빠져서 한 달 이상 집에서 쉬었다. 어느 정도 몸이 나아지자 다시 나가신다. 집에만 있는 것보다 그곳에 가서 어르신들과 어울리기도 하고 프로그램에 참여도 하면 좋을 것 같아서다. 아침마다 아버지의 식사를 챙기고 옷을 갈아입히는 일은 엄마 몫이다. 때론 그게 버거운지 엄마는 이제 당신의 몸도 제대로 가누기 힘들다고 하신다.

아버지가 치매 진단을 받은 지 2년이 되었다. 인정하고 싶지 않지만 그런 날이 시나브로 와 버렸다. 처음에는 약을 먹고 집에 있었는데 혼자서 집 밖으로 나가는 일이 많아졌다. 제대로 걷기도 힘든데 예전의 기억이 떠오르면 생전에 하던 습관대로 농장으로 향하는 것이다. 가는 길에 무슨 일이 생길까 봐, 길을 잃어버릴까 봐 걱정되었다. 엄마가 잠시 다른 일을 하고 있으면 소리도 없이 사라지는 일들이 잦아졌다. 그러다 넘어져 얼굴을 다치기도 하고 무릎에 상처가 나기도 했다.

엄마 혼자서 아버지를 돌보는 일이 점점 힘들어지고 있었다. 이른 봄, 주간 보호센터에 가기 위해 등급을 신청했다. 그러는 동안 아버지에게 상황을 설명했더니 좋은 옷을 사달라고 하셨다. 좋은 옷 입고 주간 보호센터에 가겠다는 것이었다. 단정하게 옷을 입고 나들이 가시는 것을 좋아했던 아버지는 이제 주간 보호센터로 출퇴근하신다.

주간 보호센터에서는 가끔 아버지가 생활하시는 모습을 동영상으로 촬영해서 보내 준다. 아버지는 노래 부르는 시간이 가장 좋으신 듯하다. 신이 나서 노래를 따라 부르신다. 아버지의 동영상을 보면서 많은 생각이 스친다. 음주를 못했으나 가무는 좋아하셨다. 이제는 몸도 마음대로 움직이지 못하고 지팡이에 의지하며 사는 것이 많이 불편할 것이다.

아버지는 그때 무슨 마음으로 박인환의 시 〈술보다 독한 눈물〉을 오려 두었을까? 아버지에게도 죽음보다 더 깊은 그리움이 있었을까? 있었다면 그 젊은 날은 어떻게 묻어 두고 살았을까? 이런저런 생각들을 건져 올리다 문득 아버지가 살아오신 삶은 '술보다 독한 인생'이었을 거라는 짐작을 해 볼 뿐이다.

해맑게 웃으시는 아버지의 동영상을 본다. 술보다 독한 인생을 뒷전으로 묻어 두고 이제야 한번 웃음을 지어 보는 것일 수도 있으리라. 아버지의 봄날은 언제 가 버렸을까? 고된 인생길에서도 시를 읽으며 시를 오려 두고 간직하는 낭만을 아셨던 아버지, 당신의 인생이 궁금해서 이것저것 물어도 이제는 대답을 들을 수가 없으니 어쩌랴.

슬도(瑟島), 묵상

 거문고를 켠다는 섬 슬도(瑟島), 새벽 돋을볕을 맞이하며 설레는 가슴을 품고 산을 넘고 강을 건너 네 시간여를 달렸다. 저기 풍문의 주인공 슬도(瑟島)가 손짓하는 듯하다. 슬도를 향해 다리를 건너며 조심스럽게 속세의 귀를 씻는다. 붉은 꽃망울처럼 부풀었던 마음을 활짝 펼친다. 슬도는 무심하게 이방인인 듯 맞이한다. 나는 먼 곳에서 온 이방인일 뿐일까. 바위에 부딪히는 하얀 포말이 잔잔하게 부서지며 은빛으로 사그라지기를 되풀이한다.

 등대를 품은 슬도의 갯바위에 살며시 몸을 앉힌다. 바다는 속을 다 보이고 하얗게 까르르 목젖을 드러낸다. 그 풍경이 감춰진 듯 투명하여 눈이 부시게 아름답다. 순간 시원한 바람이 몸을 감싸며 돌고 나는 가만히 몸을 맡긴다. 파도 소리가 구슬퍼질까 두려워지는 순간, 바람은 오던 길을 바꾸며 저 멀리 잽싸게 달아난다. 속세에서 온 내게 그 귀한 슬도의 소리를 아직은 들려줄 시간이 아닌 모양이다. 호흡을 가다듬고 아침부터 달려온 시간을 가만히 내려놓는다.

등대가 서 있는 난간 위 계단을 오른다. 바람은 시원하고 주위의 풍경이 아름답게 빛난다. 슬도교 위, 새끼 업은 고래 동상이 눈에 들어온다. 새끼를 보호하려는 어미의 마음이 감동으로 다가온다. 입체적인 고래의 동상을 바라보고 있노라니 어미를 보호해야 할 나이가 되어도 나는 제구실 못 하는 새끼처럼 산 것 같다. 제대로 성장하지 못한 채 살아오고 있는 것은 아닌지 걸어온 길을 돌아보게 된다. 햇빛에 비치어 반짝이는 슬도의 잔물결에 눈이 부시다.

등대를 감싸고 빙빙 돌아 본다. 두 팔을 벌려 슬슬 움직이는데 등대가 나를 감싸는 듯 따뜻하다. 얼마나 오래 등대는 여기 있었을까? 홀로 슬도를 지키며 어떤 세월을 보냈을까? 궁금하여 자료를 찾아보니 1950년대 말 세워졌다고 한다. 사람의 나이로 따지면 이순을 훌쩍 넘겼으리라는 추측이 간다. 등대는 이곳에 서서 무수히 오가는 배들의 어두운 밤길을 안내하였으리라. 등대는 무엇을 묻고 무엇에 답하며 긴 밤을 지새웠을까. 위험한 항로를 비추어 가며 견뎌 온 등대의 길이 있었기에 뭇사람들은 섬에 대한 환상을 키워 가는 것이리라.

슬도는 방어진항으로 들어가는 거센 파도를 막아 큰 사고를 미연에 방지해 주는 역할을 톡톡히 해내고 있다. 오랫동안 아무런 불평 없이 묵묵히 자리를 지키는 등대 하나만을 오롯이 품은 섬이다. 섬 가운데 다시 우뚝 솟아올라 또 다른 섬이 된 등대. 등대는 고집스럽게 홀로 슬도를 지켰으리라. 그 세월이 아득하다. 어떻게 슬도를 지켜 냈느냐고 등대에 물으니 바람으로 대답한다. 그냥 말없이 슬도 곁에 머물렀을 뿐이라고, 곁에 있었을 뿐이라고.

슬도의 몸피가 곰보투성이로 구멍이 뚫려 엉성하다. 활로 거문고 현을 마찰시켜 소리를 내듯 지난한 시간 파도를 불렀으리라. 제 몸에 구멍을 뚫는 고통 속에서 속울음만 깊어졌을 것이다. 그사이 조금씩 바람과 친해지고 조용히 파도를 불러일으키며 거문고를 켜는 법을 익혔으리라. 홀로 서 있는 등대가 외롭지 않도록 언제부턴가 거문고의 현을 무시로 뜯었으리라. 함께한 등대를 위해 거문고의 연주법과 조현법을 익히며 물결 같은 파동에 사르르 녹아들며 화답했으리라. 덧없이 가는 세월에 아쉬움이 한없이 깊어져도 그렇게 견뎌 냈으리라.

곰보투성이 슬도의 몸피를 보고 있으니 주름살이 깊게 파인 엄마의 얼굴과 거북손이 오버랩 된다. 홀시어머니에 시아주버니와 시동생만 다섯인 가난한 아버지의 나라로 꽃다운 스무 살에 엄마는 시집을 왔다. 아득한 세월을 뒤로한 시간만큼 이제는 꼿꼿했던 등이 굽어 버렸다. 겨우 허리에 손을 얹으며 등을 펴지만 세월을 이길 수는 없다.

버스도 다니지 않는 산골짜기 깡촌에서 농사일에 찌들어 어렵게 살아왔다. 어쩌다 도시로 나가는 길은 늘 험난한 파도에 휩쓸리듯 어려운 고갯길이었다. 살아 내어도 별반 나아질 것 없는 살림살이에 여섯 자식까지 입히고 키우느라 자신을 돌볼 여유가 없었다. 안으로 곪아 지탱할 힘을 잃어버린 몸은 속이 텅 빈 나무처럼 폐허가 되었는지 자꾸만 아래를 향하고 어느새 하심에 드는 법을 터득한 것 같다.

  뜨거운 여름날 붉은 화기에 화상을 입는 일처럼 온몸이 녹아들어 가는 고통스러운 길이었다. 새끼 업은 고래처럼 삶의 무게에 짓눌려 허리를 펼 수가 없었다. 세파에 시달리는 자식들이 안쓰러워 방패가 되어 준 삶이었다. 산수(傘壽)에 가까운 나이가 되었는데도 고집스럽게 아버지의 나라에 미련을 버리지 못하고 진두지휘하고 있다. 마치 홀로 슬도를 지키는 등대처럼 이제는 자식들도 떠나 버린 빈자리를 곡진하게 지켜 내고 있다.

  이제 아버지의 나라에는 아버지뿐, 모두 각자의 길을 향해 나아가고 있다. 대신 세상으로 나가는 길 하나 남겨 두지 않은 채 아버지는 혼자만의 세계로 조금씩 빠져드는 중이다. 선비처럼 꼿꼿했던 모든 순간이 거짓말처럼 찰나로 사라지고 있다. 이 세상의 모든 소리는 아버지의 귀를 거슬리게 하는 또 다른 울음소리일 뿐이다. 텔레비전조차 켜지 않는 아버지는 묵상의 힘을 터득했는지도 모른다. 아무도 아버지의 세계에 다가갈 수 없고 오직 엄마만이 그 곁에 머물러 있다. 이제 시간이 얼마나 남았는지 몰라 전전긍긍하느라 엄마의 속울음만 슬도의 바다처럼 깊어지고 있다.

슬도에는 등대뿐이듯 아버지한테는 엄마만이 자리하고 있는 것 같다. "느그 엄마 시집와서 지금까지 고생 많았어야."라고 무심코 말을 뱉어 내던 아버지가 생각난다. 하지만 그때뿐 자신의 기억에 갇힌 아버지의 요구 사항은 더 미묘해지고 있다. 그 자리를 고집스럽게 홀로 지켜 내는 엄마에게 우리는 무늬만 어른이 되어 아무런 위로가 되지 못한다. 오랜 세월 엄마만의 방식에 젖은 아버지, 누구도 그 자리를 대신할 수가 없게 되었다. 가끔 우리는 갈매기처럼 날아들어 세파에 울먹이며 잠시 쉬어 가는 속물이 되었을 뿐이다.

멀리 뱃고동 소리에 정신이 돌아온다. 이 작은 섬 슬도를 뒤에 두고 등대를 내려오는데 갈매기 한 쌍이 이별의 노래 한 곡조 구슬프게 뽑는다. 문득 "버려진 섬마다 꽃이 피었다"[*]라고 노래했던 김훈 작가의 《칼의 노래》 서두가 생각난다. 이 슬도가 뭇사람들에게 사랑받고 꽃을 피울 수 있는 것은 등대가 있기 때문이리라. 홀로 외롭게 지켜 내는 등대, 등

---

* 김훈 《칼의 노래》(2012), 문학동네

대를 위해 기꺼이 거문고를 켤 줄 아는 슬도, 곁에서 서로를 말없이 지켜 주고 있다.

슬도가 붉은 노을에 찬란히 물든다. 또 이렇게 하루가 저문다. 문득 어디선가 왜바람이 스치고 파도가 일더니 홀린 듯 거문고를 켜는 소리가 아득하게 들려온다. 온몸에 이런하게 전율이 일고 돌아보니 애틋한 마음을 흔드는 슬도와 등대뿐이다. 거문고 연주를 듣고 싶어 하는 간절한 마음의 환청이었을까. 객을 붙들어 보는 슬도명파(瑟島鳴波)의 노래였을까. 수평선이 아득히 멀어진다.

삶은 여행이다

삶은 여행이다. 우리는 혼자 자유 여행을 하기도 하지만 대부분은 누군가와 함께한다. 누구와 손을 잡고 가느냐가 다를 뿐, 순간마다 함께하는 여행자들이 있다. 여행에서 마주하는 사람이나 사물 등을 대할 때 설렘과 호기심뿐만 아니라 불편함도 동반한다. 살아가는 동안 힘든 일도 있고, 기쁘고 즐거운 일도 있지만 불편한 일도 있다. 조금씩 다를 뿐 삶은 여행의 연속이다.

세상에 태어나면서 부모의 손을 잡고 유년을 여행한다면, 학교에 입학하고서는 친구들, 선생님과 함께하며, 직장 생활에는 동료들이 있다. 결혼하고 아이를 낳으면 똑같은 삶이 되풀이된다. 그 여행길이 마냥 즐겁고 좋은 일만 가득할 수는 없다. 여행이란 우리가 살아가는 삶처럼 희로애락과 더불어 불편함까지도 감수해야 한다.

첫 크루즈 여행을 친구들과 함께하기로 했다. 첫, 처음이란 단어는 나이를 불문하고 설렘을 준다. 마법에 걸린 것처럼 기다리는 시간은 더디 가지만 기어코 오고야 만다. 함께

가자는 친구의 말에 일정을 알아보니 다행히 연휴가 끼어 있었다. 짧은 일정이지만 여행을 떠난다는 생각에 그동안의 피로가 보상되는 상상은 덤이다. 머릿속으로 그려 보는 여행이란 마음을 즐겁게 하고 은근한 기대를 품게 한다.

배에 오르기 위한 수속 절차는 오래 걸린다. 긴 행렬은 각오한 일이지만 기다리고 기다리는 시간은 지루하기 그지없다. 시간을 견뎌야 하는 불편함이 여행에 대한 환상의 날개를 조금씩 꺾는다. 하늘은 잔뜩 흐리고 곧 비라도 내릴 것같이 잿빛이다. 지루한 시간을 넘겨 승선하고 정해진 숙소에 짐을 푼다. 바다는 끊임없이 출렁인다. 수평선으로 저무는 아름다운 노을을 볼 수 있을 것이라는 상상을 했는데 날씨 때문에 허무하게 무너진다. 크루즈 여행의 묘미는 노을과 일출을 감상하는 것이라고 했는데 품었던 환상이 사그라든다.

군산에서 산동성으로 출항하는 크루즈다. 3.5m에서 4m의 높은 파도를 만나게 될 것이라는 안내를 한다. 승선한 사람들이 1,000명 정도로 9층까지 있는 2만 톤 정도의 배다. 안내 방송을 듣자 뱃멀미에 대한 두려움이 밀려오기 시작한다. 군산에서 산동성까지는 400km, 40km 속도로 간다고 하는데 높은 파도에 앞으로 제대로 전진하지 못하고 출렁일 것을 생각하니 덜컥 걱정부터 앞선다.

출발을 기다리면서 배 구석구석을 살핀다. 생각보다 배는 크지 않고 항구는 폭풍 전야처럼 고요하다. 하지만 정박해 있는 배들이 파도에 출렁인다. 배에서 1박, 산동성에서 1박, 돌아오는 배에서 1박이 예정되어 있다. 배 안에서 머무는 시간이 12시간 이상이 될 것이다. 먼 바다로 나갈수록 파도는 높이 올라갈 것이고, 뱃멀미에 대한 두려움도 조금씩 커진다.

배는 서서히 출항하고, 저녁을 먹는데 파도가 이는지 출렁임이 느껴진다. 밥을 먹는 둥 마는 둥 하고 숙소로 이동한다. 주위 사람들의 조언으로 준비해 온 신신파스를 배꼽에 붙이고 뱃멀미에서 조금이라도 해방될 준비를 한다. 배가 출항함과 동시에 지금까지 이렇게 높은 파도는 만난 적이 없다는 안내 방송이 나온다. 앞으로 나아가지만 느릴 것이고 파도 때문에 뒤로 물러나는 일이 반복될 것이다. 출렁이고 출렁이다 오지 않는 아침을 맞이할 생각에 약간의 후회가 몰려든다.

뱃멀미에 시달리면서도 생각은 멈추지 않는다. 수많은 생각의 행간에서 만나는 여행의 불편함이 자꾸만 고개를 든다. 생각보다 좁은 부대시설, 끊임없이 흔들리는 배, 좁은 2층 침대, 화장실을 타고 올라오는 담배 냄새, 숙소에서 들리는 사람들의 목소리, 파도가 배에 부딪히는 소리 등, 침대에 머리를 대고 누워 생각을 밀어내면 낼수록 뱃멀미를 일으키는 원인이 많아진다. 환풍기 돌아가는 소리는 더욱더 거칠어진다.

 짧은 여행의 불편함이 꿈틀대며 파도를 친다. 예측하지 못했지만, 이 불편함을 이겨 내고 나면 즐거운 여행길이 기다리고 있으리라는 기대가 있기에 기꺼이 감수할 수 있는 것이다. 우리가 사는 삶 역시 마찬가지다. 어쩔 수 없는 불편함을 감수해야 좋은 일들이 더불어 온다는 것을 안다. 쉽게 얻어지는 건 없다. 그런데도 여행을 하는 것은 그것이 또 다른 삶의 일환이기 때문이다.

 배꼽에 붙인 파스의 약 기운을 믿으며 아침을 기다린다. 좀처럼 파도는 수평으로 잠들지 못하는지 배에 부딪히는 소리의 요란함은 멈출 줄 모른다. 아침이 오기는 올 것인가. 어둠 속에서 익숙하지 않은 것들과 교감할 수 없는 시간이 빠르게 물러나길 바란다. 잠들었지만 잠들지 못한 밤은 길기만 하다. 여행의 설렘을 앗아 간 이 불편함을 견뎌야 하는 일이 싫어진다. 얼마나 아름다운 풍경을 보여 주려고 그러는 걸까? 예측할 수 없는 날씨지만 내일 아침이 오면 맑은 모습을 보여 주길 기다린다.

 우리의 삶이 불편하다고 포기할 수 없다. 여행 역시 불편하다고 그만둘 수 없다. 삶도 여행도 불편함을 감수해야 한다. 순간이 지나면 좋은 시간이 오리라는 희망이 있기에 기다린다. 기다리는 시간이 흐르고 파도가 잦아지는지 불편한 소리가 조금씩 잠잠해진다.

긴 기다림이 지나고 어둠이 걷히는지 멀리서부터 새벽이 열리고 있다. 이 시간이 지나고 나면 파도는 수평으로 잠들고 우리는 환희의 순간을 맞이하리라. 돌아오는 여행길에서는 불편함조차 추억의 페이지에 저장하면서 환상의 일출을 꿈꿀 수 있으리라.

그리운 섬

저마다 아픔을 품고 산다. 딛고 일어서고 우리는 또 그렇게 각자의 자리에서 최선을 다한다. 홀로인 섬 독도를 마음에 품은 지 오십여 년이 지나서 독도에 첫발을 내디뎠다. 태풍과 폭우가 예상되었기에 계획은 어긋났다. 세상사 어긋나지 않는 계획은 없다.

김훈의 《칼의 노래》 첫 서두 "버려진 섬마다 꽃이 피었다."라는 구절을 읽으며 오랫동안 그리운 섬으로 독도를 꿈꾸었다. 언젠가는 그곳에 가 보리라. 온통 산으로 둘러싸인 산골짜기 다람쥐로 살아온 내가 바다를 꿈꾸는 일은 먼 나라의 이야기였다.

바다를 이야기해 주는 친구, 스물의 젊은 날이 있었다. 손 내밀면 언제든 잡히는 거리에서 오랫동안 함께할 줄 알았다. 우리는 눈발이 날리는 창 넓은 찻집에서 바다를 보았다. 한 송이 두 송이 바다로 빠져 사라지는 눈송이를 어쩌지 못했다. 그렇게 모든 것들은 조금씩 어긋나지만 아무도 알지 못하게 서서히 그리움으로 스며드는 것이다.

독도를 향해 계획하고 준비하고 몇 달을 보냈다. 오십여 년을 넘게 기다렸는데 몇 달쯤은 아무것도 아니었다. 남도에서 밤차를 타고 포항까지 올라가는 시간은 느리게 흘러갔다. 어두운 바다가 보이는 곳에 여장을 풀어 밤을 지새웠다. 아침에 창문을 열었을 때 늦은 벚꽃이 만개하여 눈송이처럼 바람에 휘날리고 있었다.

여객선 터미널로 향하는 발걸음은 경쾌했다. 멀미약을 먹고 긴장과 설렘을 애써 감추며 여행에 이력이 난 것처럼 출항할 배를 기다렸다. 드디어 배에 오르고 선수 선미 출항 준비와 함께 배는 울릉도를 향해 출발했다. 너무 오래 기다린 긴장감 때문인가 속이 메슥거리고 어지럽기 시작했다. 나는 영화에 나온 강시가 되어 화장실을 들락거렸다.

풍랑 때문에 예정보다 배는 연착되어 한 시간 늦게 도동항에 도착했다. 어지러워 핏기 없는 얼굴로 하늘을 보니 갈매기가 반갑게 날아오르며 일행을 맞이한다. 조금은 이국적인 바닷가의 풍경은 낯설지만, 마음을 끌어당긴다. 비췻빛 바닷물은 풍랑과는 거리가 멀어 보인다.

울릉도 선창가의 감상을 뒤로하고 풍랑이 오기 전에 독도를 향해 출발하기로 한다. 저동항으로 이동하여 오랫동안 기다렸던 독도행 배에 오른다. 갈매기는 더욱 높이 날아오르고 언제 멀미에 시달렸느냐는 듯이 마음이 초록 풍선처럼 부풀어 오른다. 부푸는 일은 터지는 일을 전제로 하기에 어쩌면 달이 기울듯 차오르는 것은 위험한지도 모른다. 하지만 괜찮다. 처음 설레었던 마음은 오롯이 나만의 것이기에 잠시 뱃멀미도 잊는다.

울릉도에서 독도까지는 87.4km, 차로 간다면 가까운 거리지만 풍랑이 일지도 모르는 바다에서는 결코 쉬운 길이 아니다. 쉽지 않은 거리를 뱃멀미로 시달릴 일을 생각하면 아찔했지만 포기할 수 없는 길이기에 마음을 가다듬고 두려움을 감춰 본다. 배는 서서히 출발한다.

천연기념물 제336호로 지정된 아름다운 섬 독도, 하지만 외로운 섬이다. 창문 옆에 앉아 끝없이 펼쳐진 바다를 본다. 내게 바다를 처음 보여 준 친구는 지금쯤 어느 별에서 잘 살고 있겠지. 그리움처럼 밀려들다가도 서서히 멀어져 가듯 잊힌 친구 생각에 머물다 보니 멀미도 잊어버렸다. 저 멀리 천혜의 절경 독도가 보인다. 1시간 30분이면 도착한다 했는데 2시간 30분이 걸렸다. 아름다운 섬에 발을 딛는다. 제일 먼저 갈매기들이 일행을 반긴다. 주어진 시간은 단 30분이다. 50년이 넘도록 기다렸는데 돌아볼 시간은 짧다.

공기는 맑고 신선하지만 바람은 차다. 찬 바람에 몸을 맡긴다. 독도의 바람이 내 세포에 깊이 새겨지기를 바란다. 대한민국 국민이라면 독도를 그리워하리라 생각한다. 독도는 대한민국 최동단의 섬이다. 사면이 바다로 둘러싸여 있어 사람이 살기에는 부적절한 곳이다.

 독도는 화산섬이다. 화산섬에 의지하며 살아가는 괭이갈매기가 하늘을 가득 메우고 있다. 그게 관광객들을 맞이하는 방법일지도 모른다. 독도는 미래 가치가 높아 사람들의 관심을 끌고 있다. 한류와 난류의 교차로 어족 및 수산 자원이 풍부하다. 해양 심층수, 미래의 청정에너지인 천연가스 메탄하이드레이트 미생물 자원 등 가치가 높게 평가되고 있어서 섬 전체가 천연기념물로 지정되어 있다.

 대한민국 영토인 독도를 끊임없이 노리는 일본의 만행이 자행되고 있다. 독도는 역사적, 지리적, 국제법적으로 명백한 우리 고유의 영토다. 더는 남이 탐하지 않도록 지키는 일에 소홀해서는 안 된다. 대한민국의 아름다운 영토 독도에 발을 내디뎠다는 것이 감사하다. 독도는 우리의 자존심이다. 섬을 지키는 경비대원들의 모습이 늠름하다. 독도는 우리 땅, 아니 이제는 대한민국 땅이라 부르자.

 30분이란 시간이 1초처럼 빠르게 흘러간다. 몇 번을 와도 입도하기 힘들다고 하는데 단 한 번의 방문으로 입도를 허락해 준 독도, 아쉬움이 남지만 돌아서야 한다. 몇 컷의 사진을 찍고, 눈을 감아도 기억할 수 있도록 마음에 저장해 둔다. 긴 시간이 흘러도 기억 속에서 끄집어내어 독도를 추억할 수 있기를 바란다.

 돌아오는 길, 바다는 아름답게 노을이 진다. 풍랑이 심하리라 생각했는데 다행히 밤바다는 고요하다. 믿을 수 없을 정도로 조용하다. 서서히 어둠이 스며들고 바다는 어둠에 잠겼다. 어둠 속에 홀로 앉아 있는 섯 같나. 밀이지는 섬의 의미를 되새기라는 뜻일까? 벌써 그리움이 가슴을 가득 채운다.

 멀미도 잊게 하고 독도는 쉽게 나를 받아 주고 보내 준다. 바다를 처음 알게 한 그리운 친구처럼 다정하다. 쉽게 갈 수 없는 곳이지만 독도를 향한 간절한 그리움 때문에 오랫동안 마음속에 간직한 것을 진즉에 알았을까?

 천혜의 아름다운 섬, 독도는 언제나 그 자리에 있어 몇 해쯤 가지 못해도 그곳에 그렇게 있을 것이다. 우리의 자존심으로 우뚝 서 있으리라. 어둠에 묻힌 독도, 여정의 피로에 두 눈을 감으니 동도와 서도가 나란히 손을 마주 잡고 있다. 괭이갈매기 하늘을 날아오르는 독도는 이제 외로운 섬이 아니다. 그리운 섬이다. 언제까지나 그 자리에서 수호신처럼 대한민국을 지켜 주리라.

내 이름은 독도다

 모두가 홀로인 섬이다. 먼 우주에서 보면 따로 함께 옹기종기 모여 있는 크고 작은 섬, 그 섬 중 하나인 작은 섬, 내 이름은 독도다. 홀로 있는 것은 외롭다지만 이 섬에서 저 섬으로 소식을 전해 주는 바람과 바다 친구들이 있어 괜찮다. 강물이 바다에 닿아 굽이굽이 흘러온 이야기를 조용히, 때론 소용돌이치며 들려줄 때면 신비로운 세상사에 호기심이 생긴다.

 요즘 내 이름을 지키는 일이 매우 어렵다. 내 이름을 '다케시마'라고 바꿔 부르는 이가 바다 건너에 산다. 상식이 통하지 않는 자신들만의 행위로 세상을 속이면서 나를 노린다. 나는 항상 이 자리에 그대로 있는데 한 번도 대면한 적 없는 그들의 노림수에 울분이 인다.

 최근에 도쿄올림픽이 개최된다는 소식을 전해 들었다. 도쿄올림픽 공식 홈페이지에 올린 성화 봉송 경로를 소개하는 지도에 내 이름을 바꿔 자기들의 영토인 것처럼 슬쩍 끼워 넣었다고 한다. 본래 치졸한 꼼수를 잘 쓰는 줄은 알고 있지만, 이번에는 나도 참기 힘들다. 우리 정부의 항의에 맞대응까지 하다니 올림픽이 정치적으로 이용되고 있다는 사실이 씁쓸하다.

일본이 국제 올림픽 위원회의 유력 인사에게 뇌물을 줘서 올림픽을 유치했다는 소식을 들었다. 그것도 부족해서 전쟁을 금지한 평화 헌법을 개정하려 한다는 것이다. 프랑스 검찰이 도쿄올림픽 뇌물 유치 의혹과 관련한 수사를 진행한 결과 금품을 받고 유치를 지지한 사실을 인정했다고 한다. 세계 평화와 화합을 내세우는 올림픽에서 독도에 대한 영유권 주장을 한 일본을 규탄한다.

도쿄올림픽 공식 홈페이지에 나를 마음대로 올려놓은 그들의 야욕을 본다. 전범세력의 후예인 아베 정권의 노림수에 욱일기 사용마저 정당화하고 있는 것 같다. 전쟁과 재침략의 야욕을 보이며 시대착오적인 반성의 기미를 보이지 않는 일본에 맞서야 할 일이다.

나, 독도는 나를 대한민국 지도에 올리고 내 이름을 정정하라고 요구한다. 나는 대한민국의 동쪽 끝 동남쪽 200리 울릉도에서 87.4km 떨어진 곳에 살고 있다. 나는 화산 폭발로 만들어진 화산섬이다. 바닷속에서 솟아 용암이 식으면서 만들어졌다. 괭이갈매기, 바다제비, 황조롱이 온갖 곤충과 조류, 해양생물인 내 친구들은 아무것도 모르고 평화롭게 살고 있다.

가끔 친구들에게 일본의 만행을 털어놓을까도 생각했다. 천연기념물 제336호로 지정된 나를 보는 눈빛들을 기억하기에 이 평화를 깨고 싶지 않아 지켜만 본다. 천혜의 자연환경을 품은 나의 미래가치를 탐할까 조금은 두렵기도 하다. 해양 심층수, 천연가스 메탄하이드레이트, 미생물 자원 인광석 등을 그들이 노리는 것일 수도 있으니 말이다. 일본 순시선이 인근 해양 과학 조사를 방해한 횟수가 급증하고 있다. 우리 해경이 잘 대응하고 있지만 내 주변을 한 바퀴 돌 때마다 일본의 만행이 생각나 소스라친다.

나를 찾는 관광객들을 보면 힘이 난다. 하지만 무분별한 행동을 일삼고 소리를 치르며 사진만 찍고 소중한 시간을 허비하는 이들은 들어오지 못하도록 바다 친구들에게 부탁하게 된다. 구름과 바람과 폭우를 불러들여 홀로 있는 시간을 즐길 때도 있다. 외로운 시간이지만 잘 보존 관리하여 나를 지켜 내고 싶다.

얼마 전에는 모처럼 반가운 소식을 들었다. 문재인 대통령이 2021년 6월 스페인 방문 시, 안헬 곤잘레스 도서관장이 1730년대 대한민국 지도를 보여 주었는데 그곳에 내 이름 독도가 표기되어 있었다. 서양에서 현존하는 가장 오래된 지도 '조선왕국전도'는 귀중한 자료라니 일본은 반성하길 바란다. 더는 나를 흔들지 말라고 동해 친구들을 보내 혼내 주고 싶지만 인내하고 있다.

　대한민국의 영역을 넘보지 말라. 내가 사는 곳은 대한민국 영토다. 내 이름은 독도다. 비록 바위섬이지만 함께 사는 친구들이 있어 나는 외롭지 않다. 풍문으로 듣는 이야기들 때문에 불편한 일이 일어나지 않았으면 좋겠다.

　대한민국의 아침이 시작되는 최동단 평화의 섬, 요즘 들어 나를 수호하는 일이 힘들다. 일본은 다케시마의 날을 정해 놓고 행사를 진행하고 있다. 이는 대한민국의 주권을 침해하는 일이다. "역사 왜곡을 중단하고 침략의 역사에 대한 진정한 반성과 사과하라."라고 독도 수호 특별 위원회에서 성명서를 발표하고 목소리를 냈지만 도리어 적반하장 유분수란 말을 되뇌게 한다.

　내 이름은 독도다. 나를 논하려거든 더 많은 관심을 보여라. 나를 지키기 위해 두 차례나 안용복이 도일 활동을 하여 받아들여지기까지 나는 버려진 섬이었다. 울릉도와 독도가 조선의 섬임을 인정하는 공문을 대마도에서 보냈다지만 조정에서는 일본과의 마찰을 두려워했을 뿐 섬을 찾아온 안용복을 인정해 주지 않았다.

　감정만 내세우고 아무것도 하지 않았다면 내 운명은 어떻게 되었을까? 가끔 생각한다. 나는 동해안 어부들의 생존 문제와도 연결되어 있기에 나를 찾기 위한 외로운 투쟁을 멈출 수가 없다. 평화의 가치를 중시하는 올림픽을 개최하기 위해 나를 내버려둔 대가는 뼈아프고 혹독하다. 어쩔 수 없이 힘없는 나를 자책하게 된다.

일본은 체계적인 준비를 하고 전 세계에 로비를 펼쳐 내 이름을 빼앗아 갈 준비를 하고 있다. 작은 일이라도 소홀히 하지 말고 이제라도 내 이름을 지켜 주기를 바라는 마음이 간절하다. 나는 오랜 고독과 잊힌 존재로 외면당한 섬이었다. 물론 먼 우주에서 바라보면 모두가 홀로인 섬이지만 이제는 '내 이름은 독도'라고 나를 제대로 알려 세상사와 조우하며 함께하고 싶다.

오늘도 접안을 기다린다. 때론 시끄러운 관광객들의 방문 소리가 그리울 때가 있다. 너무 오래 누구의 관심도 없이 버려져 있었던 기억이 오롯하기에 괭이갈매기의 외마디도 정겹다. 내 이름은 독도, 모두가 홀로인 것을 알기에 동병상련의 아픔으로 세상사의 모든 일을 이해하련다. 다만 나는 그 누구도 아닌 나다. 대한민국의 새벽을 여는 내 이름은 바위섬 독도다.

도망가자, 괜찮을 거야

하늘 깊은 날, 그런 날이 있다. 선우정아의 〈도망가자〉라는 노래 가사가 아니더라도 어디든 가야 할 것 같은 그런 날이 있다. "도망가자. 어디든 가야 할 것만 같아. … 가보자. 지금 나랑 도망가자." 노래에 취해서 길을 나선다. 들판의 벼들은 노랗게 익어 갈 준비를 하고, 나는 열심히 도망간다. 씩씩하게 돌아오기 위해서 도망가자고 멜런콜리한 감정이 나를 유혹한다.

차를 달려 도착한 곳은 쌍봉사다. 쌍봉사자문 앞에서 두 손을 모으고 사천왕이 악귀를 밟고 있는 천왕문 앞에 서니 대웅전이 한눈에 들어온다. 오랜만이다. 지친 발걸음을, 느린 인생길의 나를 위로하기 위해 가끔 들렀던 곳이다. 아무도 반겨 준 적 없지만 혼자서도 당당히 들어섰다. 어디에나 있는 그런 절이지만 대웅전이 다른 곳과 달라서 언제 와도 낯선 곳이라 이방인처럼 서성인다.

대웅전은 삼층 전각의 목조 탑파 형식을 지닌 희귀한 양식으로 우리나라에는 법주사 팔상전과 쌍봉사 대웅전 2동만이 현존한다. 대웅전은 보물로 지정되어 있었으나 1984년 신도의 부주의로 소실된 후 1986년에 원형대로 복원되었다. 17세기 목탑의 내부 공간 활용과 구조의 변화를 볼 수 있는 것이 특징이다.

철감선사의 이름은 박도윤으로 통일 신라 시대의 승려다. 중국 당나라로 들어가 불교 공부를 하였다. 귀국하여 금강산에 머무르며 후학을 지도했는데 경문왕이 도윤에게 귀의했다. 입적 시 문인들을 모아 법을 널리 알릴 것을 당부했다니 철감선사의 공부 정도를 짐작할 만하다. 화순의 아름다운 산수에 이끌려 절을 짓게 되었는데, 호를 따라 쌍봉사로 부르게 되었다고 한다. 산이 73%나 차지하고 있는 화순의 산림이 고귀한 자산이라는 생각을 한 계기가 되었다. 경문왕 8년 71세 때 입적하게 되자 왕이 철감이란 시호를 내려주고 탑과 비를 세우도록 했다.

불교 건축 양식에 대해서는 문외한이기에 대충 고개만 끄덕여 본다. 대웅전 옆문을 통해 안으로 들어선다. 목조 석가여래좌상을 중심으로 가섭존자상과 아난존자상이 양쪽으로 모셔져 있다. 신발을 벗고 안으로 들어가 모든 인연의 건강을 기원하며 삼배를 올린다. 모든 것은 내 안에 있다는데 수많은 상을 만들며 살았다. 잘 살지 못한 날들, 오늘은 참회하며 두 손을 모은다.

가섭존자는 석가모니 부처님이 연꽃을 들어 올리자 그 뜻을 알고 염화미소를 지었다고 한다. 깨우침이란 말로 표현하는 게 아니라 미소로 응답하는 것인가 보다. 살면서 몇 번이나 염화미소를 지어 본 적이 있었던가? 참회의 마음이 가슴에 작은 파문으로 번진다.

아난존자는 머리가 매우 총명해서 부처님 가르침을 단 한 자도 빼지 않고 기억해서 사실 그대로 전했다고 한다. 금강경의 첫머리는 '여시아문(如是我聞)'으로 시작된다. 즉 아난존자가 전한 부처님 법문은 '이와 같이 들었다'이다. 하지만 법문을 알기에는 너무 어려워서 "법문을 다 배워 오리다."라고 입만 중얼거리고 독송하지 않음을 아난존자 앞에서 참회한다.

대웅전을 나와 대나무 숲길을 걸어 올라가는데 초의선사의 시가 나를 붙든다. 〈한가윗날 새벽에 앉아서〉란 시다. 정찬주 소설가가 옮겨 놓았다고 적혀 있다. 22세 때 초의선사가 한가윗날 새벽에 일어나 철감선사 탑으로 가는 대나무 숲길을 걷다가 자신의 허물을 돌아보며 지은 최초의 시라고 한다. 초의선사가 쌍봉사로 와서 금담선사에게 참선을 익히던 때였다고 한다.

"평소 조심했으나 끝내 어긋났으니/ 이런 때 맞으니 도리어 괴로워라/ 남들이야 이 심사를 알 리 없으니/ 싫어하고 의심할 사이 피할 길 없네/ 어찌 미연에 막지를 못했던가/ 서리 밟는 지금 오한이 이는구나"라는 구절을 읽으며 잠시 숙연해진다. 22세 젊은 나이에 이미 삶의 깨달음을 얻었음이 전해진다.

예나 지금이나 늘 조심하면서 산다고 해도 사는 일은 마음대로 되지 않았나 보다. 하필 괴로운 시기에 찬 이슬 맞으니 남들은 그 심정을 몰랐을 것이다. 그때는 한가윗날 새벽에 사실적으로 이른 서리가 내렸는지 아니면 초의선사의 마음 상태를 "서리 밟는 지금 오한이 인다."라고 비유한 것은 아닌지 짐작해 볼 뿐이다.

바람 부는 대나무 숲길을 걸어 올라간다. 배롱나무가 얼마 남지 않은 꽃잎을 휘날리면서 여행객을 반가이 맞이한다. 가을이 오고 있음이리라. 오랜만에 마주한 국보 철감선사탑이다. 신라의 부도 가운데 조각과 장식이 가장 화려하게 새겨진 것이라고 한다. 막새기와 안에 연꽃무늬를 새긴 솜씨는 경지에 이른 것으로 석조 건물로는 최고의 극치를 보여준 것이라고 하는데 그동안 점점 풍화되어 가는 것이 안타깝다.

탑은 입적한 철감선사의 유골이나 사리를 모신 곳이다. 정밀한 돋을새김을 통해 장인의 솜씨를 되새김할 수 있다. 후세에 남길 수 있도록 왕이 시호를 내리고 탑과 비를 세우도록 했다는 것은 그 당시 고승인 철감선사의 위치를 가늠해 볼 수 있다.

바로 옆에 나란히 있는 철감선사탑비 비문은 없어지고 거북받침돌과 머릿돌만 남아 있다. 귀부나 이수의 조각은 섬세하고 생동감이 넘친다. 거북은 오른쪽 앞발을 살짝 올리고 있다. 손을 내밀면 앞발을 곧 내밀 것 같다. 거북이의 발톱도 특이하지만, 뒤편으로 돌아가 보면 거북이의 숨겨진 꼬리를 확인할 수 있는데 상당히 귀엽다.

그사이 파란 하늘과 구름이 더 깊어졌다. 쌍봉사에서 씩씩한 기운을 온몸으로 받는다. 소소한 여행의 즐거움이 그저 감사할 뿐이다. 내려오는 길, 〈한가윗날 새벽에 앉아서〉란 시가 자꾸만 눈에 밟힌다. 이 또한 사람의 일이라 곧 돌아오는 한가윗날이 걱정된다. 코로나 팬데믹은 끝나지 않고 있다.

세상은 빠르게 변한다. 이렇게 변하고 있는 세상에서 느린 삶을 살고 있다. 어쩌면 도망갈 곳조차 없는 촌부지만 이 작은 떠남에 만족하면서 살 것이다. 쌍봉사 대웅전 사이로 구름이 유유히 흘러가고, 가을은 서서히 내려온다. "도망가자. 멀리 안 가도 괜찮을 거야." 그냥 오늘을 살자.

또 봄이 오려나 봐

 섬진강을 향해 달린다. 또 봄이 오려는지 온몸의 세포들이 꿈틀거리기 시작한다. 정확히는 봄을 느끼는 강이 나를 부른다. 내 귀에는 들리지 않지만, 몸이 먼저 알아차리고 들떠 있다. 요 며칠 따스한 햇살이 메마른 숲속을 벗어나더니 텅 빈 들판을 지나 강 속으로 사라졌다는 소식만 들렸다. 쫓아가 보니 그 강에 자리를 잡고 버들강아지를 흔들어 깨우고 있다. 칼바람도 잠재우고 강은 투명한 얼굴로 속까지 다 보여 준다.

 그 속에는 수많은 돌멩이와 바위들, 작은 물고기들이 가득하다. 하루가 저물도록 앉아 있어도 셀 수 없을 것 같다. 복수초가 피었다는 어느 시인의 소식을 전해 듣고부터 아직 멀었는데도 마음에는 봄이 들어앉아 버렸다. 또 봄이 오려고 한다. 늘 처음인 것처럼 봄은 온다. 매번 봄이면 겪었던 일인데도 낯선 얼굴을 들이민다.

 봄을 찾아 나서다 보면 낯선 얼굴이 여러 모습을 하고 있다. 오늘은 금지면을 통과하다가 우연히 김주열 열사 기념 공원에 들르게 되었다. 언젠가 이야기를 들었는데 깜빡 잊고 있다가 이제야 왔다.

김주열 열사는 1960년 3·15 부정 선거 규탄 시위에 참여했다가 행방불명되어 실종된 지 27일 만에 4월 11일 창원시 마산 중앙 부두 앞바다에서 눈에 최루탄이 박힌 변사체로 발견되었다. 4월 12일 《부산일보》 허종 기자의 기사로 세상에 알려지게 되었다. 김주열 열사는 마산상업고등학교에 원서를 냈다. 3월 14일 합격자 발표를 앞두고 형과 함께 마산에 갔다. 3·15 부정 선거 때문에 합격자 발표가 3월 16일로 연기되었는데 바로 내려오지 못했다.

마산에서 부정 선거로 인해 학생들과 시민들이 마산 시내에서 시위를 벌이자 시내에 나갔다. 그 후 형은 돌아왔으나 김주열은 행방불명되었다. 형과 함께 시위에 참석했고 김주열 열사는 경찰이 발포한 최루탄에 맞아 죽게 되었는데 그의 나이 17살이었다. 그 후 경찰서장의 명령으로 마산항 바다에 버려졌다고 한다.

그의 어머니는 마산에 가서 아들을 찾기 위해 수소문했지만 찾지 못하고 집으로 돌아왔다. 그런 와중에 마산 중앙 부두 앞바다에서 최루탄이 박힌 시신이 떠올랐다. 바닷물이 너무 차가워 김주열의 시신은 부패하지 않았다. 용공 분자의 난동과 폭동으로 내몰린 마산 시민은 김주열의 시신을 확인하고 울분이 터져 올랐다고 한다.

그 후 부정 선거 무효와 재선거를 주장하는 학생들의 시위가 전국적으로 확대되어 이승만 정권의 독재에 항거한 4·19 혁명으로 번지게 되었다. 그 결과 이승만 대통령은 4월 26일 하야를 발표하고 정권이 교체되었다.

이와 비슷한 사건이 생각난다. 1987년 6월 9일 머리 뒤쪽에 최루탄을 맞고 7월 5일에 사망한 이한열 열사도 고작 20살이었다. 이는 6·10 민주항쟁의 정점이 된 사건이다. 그는 1987년 박종철 고문치사 사건 진상 규명을 요구하는 연세인 결의대회에서 전경이 쏜 최루탄을 맞고 요절하였다. 이 사건이 전국적으로 알려지면서 시민과 학생들이 민주화를 외치며 거리로 나오게 되었고, 결국 군사정권의 항복 선언인 6·29 선언의 도화선이 되었다.

그 후 그의 어머니 배은심 선생은 '전국 민주화 운동 유가족 협의회'를 만들어 서로 위로하고 자식의 뜻을 잇는 활동을 하게 되었다. 그의 어머니는 35년간 아들을 가슴에 묻고 민주화를 위해 헌신하면서 살다 2022년 1월 9일에 돌아가셨다.

김주열 열사의 기념 공원에 앉아 느닷없이 이한열 열사를 생각하게 되었다. 이한열 열사의 생가터가 화순군 능주면에 있다. 내가 화순에 살고 있기에 더 애틋하게 다가왔는지도 모르겠다. 금남로에 앉아 최루가스를 맞아 가며 함께했던 친구들은 이순을 넘기지 못하고 먼저 가 버렸다. 최루가스와 전경들을 피해 숨어들었던 원각사만이 남아 그날을 증명해 주고 있다.

김주열 열사 기념 공원을 나와 섬진강 맑은 강가를 거닌다. 강물처럼 흘러가면 좋았을 일들이 거슬러 오르다 보니 많은 희생을 낳게 되었다. 세상사 모든 일은 감추려고 해도 시간이 흐르면 맑은 강물처럼 모든 것들이 드러나게 되어 있다. 문득 표지석밖에 남지 않은 이한열 열사의 쓸쓸한 생가터가 생각난다.

봄을 찾아 나서면 봄은 낯설게 나를 덮친다. 찾아 나선 봄이 김주열 열사의 기념 공원으로 나를 이끌었다. 아무 관계가 없는 것처럼 보이지만 어쩌면 이한열 열사의 생가터가 있는 화순에 살기에 봄은 나를 이곳으로 인도했는지도 모르겠다. 두 분 열사는 제대로 된 봄을 보내지 못하고 이승을 떠났지만, 또 봄이 와서 잊지 않고 기억하게 하니 그래도 다행이다.

무등, 완성 길

완성 길을 찾아 나선다. 무돌 길이 이어지지 않는 구간을 연결하여 완성 길이 되었다는 소식을 진즉에 들어 알고 있었지만, 미처 나서지 못했다. 벚꽃이 지고 새잎이 얼굴을 내미는 희망의 날이 오면 순롓길을 걷기로 오래전부터 나 자신과 약속했다. 그 길은 무돌 길 제15길 종점 광주역에서 각화동 제1길의 시작점을 연결한 곳이다. 결코 없어서는 안 될 광주의 소중한 길이다. 그 길을 빼고 광주를 이야기할 수 없기에 완성 길이라 이름 붙였으리라.

샛바람이 발걸음을 재촉한다. 어느 집에서 라일락 향기가 담장을 넘어 길손의 발걸음에 설렘을 가득 안겨 준다. 완성 길을 따라나서는 발걸음이 가벼운 듯 무거운 것은 이 길에 서면 숙연해지기 때문이다. 광주역으로 들어가 무등산을 보면서 육교를 통과한다. 무등산은 등급이 없는 모두가 평등한 세상을 기원하면서 말없이 빛고을 광주를 내려다보고 있다. 숙연했던 고개를 들면 마주 보이는 곳, 어느 곳에서든 볼 수 있는 무등의 길.

육교를 빠져나와 걸으니 저 멀리 전남대학교 정원이 보인다. 광주 민주화 운동의 시발점이 된 곳이다, 오랜만에 5·18 민중항쟁 사적지 앞에 서 본다. 민주화 운동 최초 발원지가 무색할 정도로 흑백 사진이 흐릿하다. 도서관 등에서 공부하고 있던 학생들을 불법으로 구금했던 역사적인 현장이다. 강제 해산시켰지만, 항쟁의 불씨가 되었던 곳, 정문에서부터 용봉관과 도서관으로 이어지는 5km에 이르는 길이다. 정의의 길을 향해 걷는다.

박관현 언덕이 보인다. 신군부의 반인권적 폭력에 죽음으로 저항했던 민주열사라는 표지석에는 사진과 함께 설명이 곁들어 있다. 일행이 유튜브 동영상을 연결하자, 피맺힌 절규의 목소리가 안타깝게 울려 퍼진다. "우리가 민주화 횃불 성회를 하는 이유는 이 나라 민주주의 꽃을 상징하는 것이오, 이 횃불과 같은 열기를 우리 가슴속에 간직하면서 우리 민족의 함성을 수습하여 남북통일을 이룩하자는 뜻이며 꺼지지 않는 횃불과 같이 우리 민족의 열정을 온 누리에 밝히자는 뜻입니다."라고 외치는 호소력 있는 목소리는 그 당시 상황을 뼈저리게 느낄 수 있다. 그 투쟁이 있었기에 현재 우리가 이만큼이라도 자리 보존하고 있다고 할 것이다.

5·18 민주항쟁이 일어난 지 올해로 42주년이 되지만 무고한 시민들의 희생에 대한 진상이 규명되지 않고 있는 것

은 가슴 아픈 일이다. 시대가 바뀌어도 진실은 답이 없고 30세의 짧은 생을 마감한 뼈아픈 현실만이 존재한다.

조금 오르니 31세에 생을 마감한 윤상원 숲이 나온다. 정치외교학과를 졸업했지만 안정된 직장을 버리고 운동가의 길을 걸었던 오월 광주의 영원한 대변인이다. 그는 '진실한 삶, 정의로운 사회, 더불어 사는 세상'을 만들고자 했다. 열사의 흉상 앞에 서자 누군가가 시작하여 함께 부르는 〈임을 위한 행진곡〉 노래가 가슴을 아리게 한다. 윤상원 열사와 박기운 열사의 영혼결혼식 넋풀이를 위해 만들었다고 하는데 이 노래는 해외에서도 불의에 저항하는 상징적 노래가 되었다. 들불야학을 이끌었던 박기순 열사와 5·18 민주항쟁 시민군 대변인으로 마지막까지 전남도청을 지켰던 윤상원 열사의 투쟁 정신은 오래 기억될 것이다.

김남주 뜰 앞에 선다. 옥중에서도 굴하지 않고 시 쓰기를 했던 김남주의 시는 민중의 구호와 노래였다. 삶 자체가 시였고, 혁명가의 삶을 살았던 불굴의 전사였다. 체험적 삶 앞에 무엇을 논할 수 있으리. 시대적 아픔 앞에 아무것도 하지 않고 외면했던 시인에게 들려주는 〈시인이여〉를 들으며 시대를 논하지 못하는 시인은 진정한 시인이 아니라는 문구가 스친다.

교육지표마당 조형물 앞에 선다. 비민주적 비인간적인 교육 정책을 비판하고 교육의 민주화를 선언했던 내용을 가슴에 새기며 걷다 보니, 벽화 마당 '광주 민중항쟁도' 앞이다. 5·18 민중항쟁의 공동체 정신과 가마솥에 밥을 짓는 모습이 표현되어 있다. 통일운동의 열망을 담은 백두산 천지와 팔짱을 낀 청년의 그림은 학생운동의 열망이 들이 있다. 혁명 광주는 지금도 계속된다. 오월은 해마다 오지만, 시대적 상황은 나아지지 않고 있다.

5·18 광장 앞에 선다. 1980년 봄, 학생과 시민들이 민주화를 외쳤던 곳이다. 5·18 진상 규명과 책임자 처벌, 독재정권 타도와 민주주의 확립 등의 시위를 했다. 꽃피우지 못하고 져 버린 젊은 민족·민주 열사를 기억하니, 그때의 민주화 열망과 함성이 귓전을 맴돈다. 이제 광주를 이야기하면 이 정의의 길을 빼놓을 수 없으리라. 광주 민주화운동의 성지, 교정을 통과하며 이 길을 가슴에 품는다.

오치 굴다리를 지나 천지인(天地人) 문화 소통 길을 향해 걸으면서도 정의의 길에서 만난 민주화 운동의 여운은 가시지 않는다. 문흥동 성당을 지나 각화마을에 도착하기까지 끊어진 길을 연결한 무돌 완성 길은 광주역에서부터 시작하여 8.2km다. 짧은 길이지만 마음의 길이는 무엇에도 비길 수 없는 5·18 정신의 의미 깊은 길이다.

지상에는 수많은 길이 있다. 무등산 자락의 천년 문화를 걸어서 갈 수 있는 아름다운 무돌 길, 무돌 길만큼 의미 깊고 열망 가득한 길은 어느 곳에도 없으리라. 무등 정신이 가득한 51.8km를 걸어 완성 길 8.2km를 향하여 마무리 짓는 무돌 길 완주를 꿈꿔 본다. 무등(無等)에 이르는 길, 민주화 운동의 성지 순롓길이 하루빨리 정착되기를 소망해 본다.

물염(勿染), 세상에 물들지 마라

 물염(勿染)에 들고 싶은 날이 있다. 문득 오롯이 혼자만이 우뚝 서 있는 정자가 그리워진다. 차를 몰아 화순의 알프스라는 수만리를 지나 무등산을 품고 있는 이서로 향한다. 연두의 시간을 거쳐 진록의 시간을 견디는 산천이 울울창창하다. 동복호를 지나 드디어 물염정에 도착한다. 뜨거운 한낮이 무색할 정도로 배롱나무는 붉은 꽃을 매달고 과객을 기다리는 듯하다. 물염정(勿染亭) 현판이 먼저 인사를 건넨다.

 물염정을 향해 오른다. 가까이 다가가니 울창한 배롱나무 가지에 가려 보이지 않았던 정자의 모습이 드러난다. 하필 정자는 보수 공사 중이어서 현판만이 물염정임을 말한다. 오랜만에 왔다고 삐진 여인네처럼 온몸을 꽁꽁 싸매고 눈만 내놓은 모습이다. 현판을 바라보며 안전망이 쳐진 정자 안으로 고개를 들이밀다가 앉는 것을 포기하고 돌아서는데 울퉁불퉁한 기둥이 보인다.

 보수 공사 때 기둥 하나를 울퉁불퉁한 배롱나무로 교체했다는 설을 들은 기억이 어렴풋이 떠올랐다. 어디에도 기록은 없지만, 기둥에 관심이 가는 것은 왜일까? 그 기둥은 세상사 돌아가는 것들이 상처인 것처럼 온몸으로 그 상처를 받들고 있는 것 같다. 이제는 물염정보다 더 명물로 자리 잡아 가는 것을 아는지 붉게 핀 배롱꽃들이 바람에 휘날리는데 주변이 환하다. 하늘을 올려다본다. 유난히 푸른 하늘, 구름이 두둥실 떠다닌다.

물염정의 내력을 기록해 놓은 안내판을 따라 읽는다. 이곳 물염정은 명종 무오년에 문과 급제하여 사헌부 감찰, 시강원 보덕, 풍기군수 등을 역임한 홍주 송씨 물염(勿染) 송정순(宋廷筍 1521~1584)이 16세기 중엽에 건립한 정자로 알려져 있다. 1591년 외손자 금성 나씨 창주 나무송, 구화 나무춘 형제에게 물려주었고 그 후 수차례 중수와 보수를 했다고 적혀 있다. 세월의 무상함을 말해 주고 있는 것 같다.

보수 중인 정자를 보니 아버지 생각이 스친다. 건물이나 사람이나 세월을 비켜 갈 수가 없다. 세월 앞에 장사 없다고, 수차례 중수와 보수를 한 정자처럼 아버지도 수차례 병원을 들락거리더니 몇 년 전에는 급기야 허리 수술까지 받게 되었다. 그 이후로 약해지더니 하루가 다르게 힘들어하셨고 아버지를 바라보고 있는 어머니 역시 무릎이 닳고 닳아 병원을 자주 간다.

정자는 보수 공사가 끝나면 예전처럼 과객에게 자리를 내

어줄 것이다. 아버지의 병은 현대의학으로 고칠 수가 없다. 퇴행성 뇌의 오류는 계속될 것이고, 그런 아버지를 보며 유전자가 살아 움직여 내게로 오지 않을까 근심하게 된다. 뇌의 오류를 품고서도 기회만 되면 차를 타고 어디든 다녀오자는 아버지의 마음은 아직 자신을 청춘으로 인식하고 있는 듯하다.

앉아 보지도 못하고 정자를 내려오니 반기는 이가 있다. 그 이름도 유명한 방랑시인 김삿갓으로 불리는 김병연(1807~1863)이다. 물염정은 김삿갓이 자주 찾았던 곳이다. 본명은 김병연이다. 김삿갓은 과거를 보러 갔다가 그의 할아버지 김익순을 욕되게 하는 글로 장원 급제를 하게 되었음을 알게 되고 부끄러운 마음을 다잡지 못하고 전국 방방곡곡을 떠돌아다녔다. 삿갓을 쓰고 이름을 물어도 대답하지 않고 고향을 물어도 모르는 체했다고 한다.

1850년 화순을 찾은 김삿갓은 동복에 안주하면서 살다 동복 구암리 정시룡의 사랑방에서 1863년 3월 29일 57세로 한 많은 생을 마감했다. 서민의 애환을 노래하고 민중과 벗이 되었던 김삿갓은 삐뚤어진 세상을 농락하고, 기성 권위에 도전하는 참여 시인이고 민중 시인이었다. 김삿갓이 화순에 머물게 된 이유는 화순 적벽이 있는 물염정 일대 이곳의 경치가 수려해서이고 그리운 고향 영월을 생각하게 하는 곳이었기 때문이라는 추측을 해 본다.

전국 명승지를 떠돌았던 김삿갓이 이곳을 자주 찾은 이유도 그만큼 물염정 풍광이 아름다워서였을 것이다. 붉은색이 감도는 바위 절벽이 정자 주변을 감싸고 있는데 오롯이 혼자 있을 수 있게 하는 곳이다. 정자에서 보면 물염적벽에 취할 수 있다. 물안개라도 피어오르면 붉은 적벽은 더한층 품격을 드러낸다.

화순 적벽은 7km의 바위 절벽이 늘어서 있다. 물염적벽, 창랑적벽, 노루목적벽, 보산적벽으로 나뉘어 있다. 적벽의 풍경이 중국 양자강 상류의 적벽과 비슷하다고 한다. 조선시대 선비들이 호남을 방문하면 반드시 들르는 명승지가 화순의 적벽이었다. 적벽은 울울창창한 나뭇잎이 지고 나면 더 또렷하게 모습을 드러낸다.

"無等山高松下在 무등산이 높다더니 소나무 가지 아래에 있고, 赤壁江深沙上流 적벽강이 깊다더니 모래 위를 흐르는구나" 김삿갓이 영월을 떠나 1841년 처음 무등산 장불재를 넘어 적벽을 마주했을 때 쓴 시라고 한다. 김삿갓은 젊은 나이에 이미 세상의 이치를 깨달았을지도 모른다는 생각을 하게 하는 시다. 어쩌면 이곳에서 수많은 생각에 휩싸이다 자신을 가만히 내려놓았으리라.

물염정에서 바라보는 물염적벽의 규모는 비교적 작다. 송정순이 낙향하여 물염적벽이 바라다보이는 이곳에 정자를 짓고 '티끌 세상에 물들지 마라.', 즉 더러운 세상에 오염되지 말라는 뜻의 물염(勿染)이란 이름을 지었다고 한다. 정자 주변을 냇물이 감싸안고 돌며 물이 흐른다. 마치 세상에 물들지 말라는 듯 하나의 작은 섬처럼 냇물이 직벽과의 경계를 이룬다. 물염(勿染)에 들어앉지도 못하고 평생을 떠돌았던 김삿갓처럼 정자 주변을 오래도록 서성인다.

 하늘은 한없이 높아 가닿지도 못하고 세상은 어지러워 무성한 말만이 떠돌고 있다. 낡은 정자를 보수하듯이 이 세상과 지구도 보수할 수 있을까. 누군가 내 머릿속을 들여다본다면 헛된 생각만 수두룩하다고 말할지도 모르겠다. 물염정을 뒤로하고 내려오는 길, 다시 오는 그날은 보수 공사를 마치고 과객을 반가이 맞이하길 바라 본다.

펭귄 만나러 가자

 이른 아침 도서관에 갔다. 열람실은 한가했다. 컴퓨터 앞에서 읽고 싶은 책을 검색하여 책을 찾으러 갔다. 오랜만에 느껴 보는 오래된 책 냄새가 코끝을 자극했다. 이 냄새를 좋아한 시절이 있었다. 돌고 돌아 도서관으로 다시 돌아왔다는 안도감 같은 감정이 스몄다. 잘 정리된 책꽂이에서 책을 찾아 대출을 신청했다.

 약속 시간이 남아 책꽂이를 등받이 삼아 한쪽 의자에 앉아 책을 펼쳤다. 《드라마 속 대사 한마디가 가슴을 후벼팔 때가 있다》라는 정덕현 평론가의 책이다. 어느 날 책을 검색하다가 목차를 보면서 읽어 보고 싶은 생각이 들었던 것은 한참 전이었다.

 드라마를 보고 있으면 인물들의 대사가 마음에 와닿을 때가 많다. 심금을 울리는 대사와 연기자들의 연기가 다음 회를 궁금하게 만든다. 드라마 한 편이 그 속 인물들의 모습이 때로는 위로를 준다. 그런 드라마를 가지고 글을 쓴 작가의 글은 어떤 내용일까 궁금했다.

책은 여러 사람의 손을 거쳐 간 듯 prologue 일부분이 사라지고 없었다. 책장을 펼쳤다. 드라마 명대사들이 앞 부분에 먼저 나오고 그와 관련된 작가의 경험담이 펼쳐졌다. 한참을 몰두해 읽으니 인용된 명대사와 관련된 드라마가 보고 싶기도 했다. 본 적이 있었지만, 지금은 기억나지 않는 느라마와 관련된 것도 있고, 본 적이 없는 드라마도 있었다. 책은 쉽게 읽혔다.

  나는 시청한 적 없지만 〈킬미힐미〉*라는 드라마의 명대사는 삶이 힘든 이들에게 위로가 되는 내용이었다.

  "죽고 싶으면 죽어. 근데 내일 죽어. 내일도 똑같이 힘들면 그다음 날 죽어. … 그렇게 하루씩 더 살아가다 보면 반드시 좋은 날이 와."

  "저 안 죽어요. 할 일이 있어서, 지켜 줘야 할 사람이 있어서, … 그 사람에게 꼭 해 줄 말이 있어서 못 죽어요, 이제."

  글을 읽는데 마음 한쪽이 시렸다. 〈내일 죽어도 안 늦어〉라는 제목으로 글은 시작되었다. 작가가 호주에 가서 살 때 펭귄을 보러 간 이야기를 적고 있었다. 감정에 몰입해서였을까. 〈킬미힐미〉의 명대사 때문이었을까. 사는 일이 드라마 같을 수도 있고 드라마가 더 현실 같을 수도 있다는 생각을

---

* 김진만, 김대진(연출), 진수완(극본), 〈킬미힐미〉(2015), MBC

하면서 페이지를 넘겼다.

"어둑어둑해지면 펭귄들이 바다에서 아장아장 걸어 나오는 것을 보려고 사람들이 몰리는 곳이었다."

이 문장을 읽으면서 갑자기 눈물이 훅 떨어졌다. 펭귄이 뭐라고? 혼자 중얼거리면서 훌쩍훌쩍 계속 읽어 나갔다. 사람들이 없어서 망정이지 이 감정이 뭘까 싶었다.

"폭우 속에서 과연 펭귄을 볼 수 있을까 조바심을 내고 있는데, 다행스럽게도 펭귄들이 줄을 맞춰 뭍으로 걸어 나오고 있었다."*

이어서 글을 읽는데, 눈물이 멈추지 않는다. 이건 아닌데? 속으로 중얼거리며 손수건도 화장지도 없어 눈물을 닦기 위해 화장실로 뛰어갔다. 억지로 수습을 하면서 나도 모르게 밀려든 감정이 난감했다. '아장아장 걸어 나오는 것'이란 글을 읽으며 누구나 그런 때가 있었음이 스쳤다. 사랑만 받으며 살아야 할 때, 사랑만 주었다고 생각했던 때, 나 혼자만의 기억이었을지도 모르는 때, 나이를 먹어서일까 작은 일에도 서러워지고 유치해지는 일들이 많아지고 있음이다.

세상의 풍파에 이리저리 시달리느라 사는 일을 힘들어하

---

* 정덕현 《드라마 속 대사 한마디가 가슴을 후벼팔 때가 있다》 (2020), 가나출판사

는 녀석이 떠올랐다. 톡을 보냈다. 정년퇴직을 하면 필립 아일랜드에 같이 가 줄 수 있냐고. 아장아장 걷는 펭귄이 보고 싶다고. 그랬더니 묻지도 않고 "그러자."라는 답이 온다. 뒤이어 펭귄 사진과 함께 갑자기 "왜?"라고 묻는다.

언젠가 '왜 태어났냐?'라고 물으면 가르쳐 주는 사이트가 있었다. 물론 재미로 보는 일이지만 두 번쯤 물었었고, 물을 때마다 답이 다르리라는 것을 알게 되었다. 처음 물음에는 '자전거를 타기 위해서'라고 나왔다. 애들이 어릴 때 자전거를 같이 배워 보려고 했다. 애들은 넘어져도 포기하지 않고 자전거를 배웠으나, 나는 포기하고 말았다. 그래서 나는 아직도 자전거를 타지 못한다. 두 번째 물었을 때는 '펭귄과 악수하기 위해서'라고 나왔던 적이 있었다.

그때 일이 머리를 스쳐 가서 '펭귄과 악수하기 위해서'라고 했더니 "근데 그곳에 가면 그 작은 손으로 펭귄이 악수해 준대?"라는 답이 온다. 나는 펭귄을 만나면 왜 태어났는지 알 수 있을지 모른다고 했다. 특별히 나를 기다리는 펭귄이 있을지 모른다고, 현실성 없는 답장을 보냈다. 녀석의 망설임 없는 "그러자."라는 짧은 대답이 가슴에 박혀 그저 고마울 뿐이다.

펭귄을 만나러 가기 위해 열심히 살아질까 모르겠지만 약속이란 희망의 다른 이름이다. 세파에 시들어도 내일의 약속은 기다림을 준다. 펭귄과 악수하는 그날 알 수 있지 않을까? 사람이란 꼭 경험하고 상처를 주고받으며 후회하는 과정을 거쳐야 살아지는지, 나는 왜 태어났는지, 아니 몰라도 괜찮으리라. 아장아장 걷는 펭귄을 만나러 가는 그날을 기다리면서 그렇게 살아질 것이다.

Part 3.

연두의 시간

    연두라 쓰고 꽃이라 읽는다. 봄이 오는 듯 공기가 달라지더니 어느 사이 색깔이 스며들어 산천이 연두다. 여기저기서 나뭇잎이 꽃처럼 피어나고 있다. 손톱처럼 작은 새순을 내밀더니 쑥쑥 자라나 나뭇잎 하나하나가 모여 거대한 숲을 이룬다. 세상이 온통 연두다. 연두는 봄에만 잠깐 볼 수 있다. 봄비가 내리고 메마른 나뭇가지에 물이 오르면 싹이 나온다. 하루가 다르게 내미는 연두는 보는 이의 마음을 설레게 하는 빛이다.

    지난겨울이 길었다. 세상은 잿빛이었고 그 빛은 칙칙해서 사람들을 우울하게 만들었다. 우울한 날들이 계속되면서 더는 참을 수 없다는 사람들의 기도가 모여 다시 봄이 왔다. 나무는 부지런히 활동을 시작하고 돋아나는 새순을 통해 생육이 시작되었음을 은근히 알려 주었다. 기쁨도 잠시 꽃샘추위가 휘몰아칠 때면 모두가 순간 숨을 멈춘다. 봄은 쉽게 오지 않는다. 꽃샘추위의 시샘이 크면 나뭇잎은 동해를 입는다.

    코로나19 바이러스 때문에 몇 년간 우리 모두 겨울나무처럼 웅크리고 살았다. 오래 기다린 결과 다행히 바이러스가 약해지긴 했다. 물론 많은 희생이 있었다. 감염병 등급을 하향시키고, 조심스러운 일상 회복을 하고 있지만 새로운 변이에 대한 우려도 있다. 정기적으로 발생하거나 고유종으로 굳어지는 전염병이라고만 해도 조금이나마 마음이 가벼워진 것은 사실이다.

아무 일 없이 해방감을 맞이하듯 웃을 수 있어 다행이다. 하지만 기억하고 싶지 않은 아픔을 품은 사람들도 있을 것이기에 마냥 웃을 수는 없다. 사는 일이 결코 밝은 빛만은 아닐 것이기 때문이다. 그래도 연둣빛 새싹이 돋아나듯이 활기 하나쯤 갖고 싶은 것은 나만의 바람이 아닌 모든 사람의 소망이리라.

엔데믹 전환 선언 시기가 봄이라서 다행이다. 이 봄, 땅을 뚫고 새싹이 나오고, 메마른 나뭇가지를 뚫고 나뭇잎이 나온다. 봄은 에너지를 발산하는 시기라 잔뜩 웅크렸던 마음을 활짝 펼 수 있다. 숨죽인 모든 것들이 파릇파릇 돋아날 것이고, 그 기운으로 조금은 힘들어도 이겨 나갈 것이다.

연두는 신선한 기운을 더해 준다. 그 빛을 보고 있으면 새싹을 내밀듯이 세상의 모든 것들이 활기차게 기운을 차리고 곧 일어날 것 같아서 좋다. 살면서 조금은 어린아이처럼 더디고 느려도 괜찮다고 기운을 차리라고 연두는 말하는 것 같다.

　연두는 위안의 색이다. 자연이 주는 연두가 얼굴을 내밀면 산천은 아무 말 없이 세상의 모든 것들을 품에 안는다. 나무는 연두의 살이 찌고 숲속은 세상의 잘못을 다 덮어 줄 것처럼 너그럽고 편안한 얼굴로 부드러운 표정을 짓는다. 꽃처럼 화려하지 않아도 진한 향기를 풍기지 않아도 숲을 향해 발걸음이 스며든다.

　연두의 숲에 들어가면 정신적으로 평온하다. 카오스의 세계가 던지는 온갖 스트레스에서 벗어나 자연을 만끽할 수 있다. 이 봄이 주는 연두가 그지없이 좋다. 연두가 주는 숲이 없다면 잿빛 세상에서 살아야 하리라. 생로병사의 우울함에서 벗어나지 못하리라. 이 세상이 연둣빛으로 치장되고 있어 긴 우울을 떨쳐 버릴 수 있을 것 같아 다행이다.

　봄날의 연두는 굳이 기르지 않아도 된다. 그냥 바람만 불어도 비만 내려도 우리가 보아 주기만 해도 자연은 연두를 툭 던져 키운다. 나처럼 식물을 기르지 못하는 사람도 예쁜 연두를 보는 세를 내지 않아도 된다. 세를 내지 않고 부채의 부담을 갖지 않는다. 이 봄날이 좋다. 살면서 세상에 빚지는 기분을 모르는 사람은 이 홀가분함을 연두에 비기어 말하지 못하리라. 봄날의 나른함에 졸기라도 하면 연두는 내게 스며 제 곁에 둘지도 모른다. 대책 없이 좋아하는 걸 알아채면 나는 모른 척 그 곁에 나무처럼 가만히 있어 줄 것이다. 세상의 모든 것을 잠시 내려놓고, 언젠가는 돌아가야 할 자연의 일부인 것처럼 연두의 위안에 쉼을 즐기리라.

찰나의 봄이다. 연두에서 생명의 기운이 돋는다. 지금은 연두의 시간이다. 누구도 산섭하지 말지이다. 이 연두의 시간을 오롯이 즐겨 볼 일이다. 이제 세상은 연두로 물들고 하늘에서 비라도 내리면 연두색 빗방울이 둥글게 둥글게 내려 세상을 씻어 줄 것이다. 세상을 어둡게 물들인 바이러스도 씻겨 내려갈 것이다. 흘러 흘러 바다로 갈 것이다. 편견 없이 세상을 포옹하여 정화해 주리라.

연두의 시간 덕분에 산천은 더 푸르게 물들 것이다. 세상의 온갖 어지러움도 제자리를 잡아 다람쥐 쳇바퀴 돌듯, 아무 일 없듯이 잘 돌아갈 것이다. 연두는 나처럼 가난한 사람도 소소한 일상의 품으로 돌려보내리라. 산다는 것이 갚을 수 없는 부채지만 연두는 괜찮다고 토닥여 주는 것 같다.

잘 이별하는 법

아침에 일어나면 눈꺼풀이 부어 있다. 거울을 보면 눈이라고 할 수가 없다. 이 뭣이고? 내가 봐도 거북한데 타인이 보면 더 거북하겠지. 특히나 요즘은 마스크 시대라 눈 말고는 보이는 것이 없는데 이 눈을 어찌해야 할 것인가. 솔직히 고민이 앞선다. 성형외과라도 가야 하나. 눈이 처진 것도 부족해 아침이면 부어오르니 이건 아니다 싶다. 아침부터 부정적인 에너지와 이별하지 못하고 하루를 시작한다.

비단 눈뿐만 아니라 몸이 이곳저곳에 문제가 생겨 말을 듣지 않는다. 덜렁거리다가 실수하는 일도 많이 생기고, 부끄러움이란 단어 앞에 익숙해지는 순간들도 더 많다. 물론 다 완벽할 수는 없겠지만 하나를 얻으면 하나를 포기해야 한다는 것을 너무 늦게 깨달았다.

시간이 흘러도 눈꺼풀은 별로 변화가 없다. 거울을 보면 탄력 있는 피부를 잃어버렸다는 절망감이 몰려온다. 물론 나이 들어 당연한 결과라고 하겠지만, 어디 이것이 비단 눈의 모양만이 문제이겠는가. 시력도 조금씩 문제가 생기고

인공눈물을 챙겨야 하는 상황이 자주 발생한다. 나도 모르게 눈가가 떨리는 현상이 생겨 마그네슘도 먹는다.

  젊은 날이 사라진 것처럼 신체도 조금씩 반란을 일으키고 있었나 보다. 자연스럽게 변화된 것도 있겠지만, 어떤 건 선택의 결과에 따라 잃어버린 것들이 있다. 당시에 다른 선택을 했더라면 무엇이 달라졌을까. 꼼꼼하지도 않고 남의 비판에 대해서 무감각한 사람처럼 살았던 것 같다. 그게 최선이었다고 어쭙잖은 핑계를 대며 대범한 척했지만, 쥐구멍을 찾고 싶었던 적도 있었다.

  물론 나이 들어 좋은 것도 있다. 사회 통념상 인정해 주는 부분이다. 문제는 정작 본인만 모르고 있다는 것이다. 애써 힘들게 살지 말자고 다짐하면서 용을 쓸 때가 있다. 그리고 그렇게 하지 않았으면 지금은 어떻게 되었을까 하는 생각이 쌓인다. 그리하여 1t의 생각만 하면서 1g의 실천은 먼 나라 이야기처럼 행동할 뿐이다. 아직 일어나지도 않는 일에 미리 걱정할 필요는 없겠지만 지금에 집중하는 긍정적인 감정을 갖게 하는 의도적인 연습이 때론 필요할 것 같다.

  만산홍엽으로 무르익은 가을이다. 아름답게 물든 나뭇잎을 본다. 저 나무는 이제 떨켜를 생성하여 나뭇잎을 보내는 마지막을 찬란하게 준비하고 있다. 물론 떨켜 층이 없어서 마른 잎을 달고 모진 겨울을 보내는 나무도 있다. 겨울 산에는 바람에 바스락거리는 나뭇잎도 있다. 대부분 나무는 스스로 떨켜를 만들어 수분이 빠져나가는 것을 막고 겨울을 나기 위해 매듭을 짓는다. 아름답게 단풍을 만드는 일도 일종의 의식을 치르는 행위가 아닐까. 그런 의식을 통해 겨울을 안전하게 나고 있는데 우리 사람은 그렇게 하지 못하고 사는 것 같다.

 떨켜가 없는 나무를 보면 나뭇잎과 이별하지 못했다는 생각이 든다. 사람이 태어날 때 탯줄을 자르고 엄마와 분리되어 하나의 독립된 인격체로 살아가려면 잘 이별하는 법이 필요한 것 같다. 하지만 요즘 부모는 자녀를 낳아 키우고 자녀가 결혼하면 그 아이들까지 키운다. 그 결과 자신을 위해서 사는 삶은 없이 이 세상과 작별한다. 오죽하면 손주 돌봐 주는 할머니에 대한 일이 심각한 사회 문제로까지 대두되었을까.

 법명을 말하면 다 아는 모 스님도 즉문즉설 강연에서 "손주 봐 주지 말자."라고 하는 이야기를 했다고 한다. 자신의 자식은 자신이 키워야 한다고, 새들이나 짐승도 새끼를 낳으면 자립할 수 있을 때까지 도와주는 것처럼 유치원에 들어갈 때까지는 엄마가 아이를 키워야 한다. 물론 직장 생활을 하는 엄마 혼자서는 아이를 키울 수 없는 상황이다. 그러니 부모들은 자신이 늙어 죽을 때까지 자식과 이별하지 못한다. 물론 나도 부모님께 의지하며 살아왔다.

내 아이들도 엄마가 키웠다. 친정에 아이를 맡기고 정신없이 출근하고 퇴근 시간이 되면 엄마를 기다리는 아이들을 데리러 친정으로 향했다. 조금이라도 늦은 날이면 시계도 볼 줄 모르는 아이들이 짜증을 내고, 올 시간을 감각으로 알아채는지 귀신같이 알고 집에 갈 채비를 한다는 것이다. 그렇게 살아왔지만 이제 아이들이 자라고 어떻게 그 시간을 보냈는지 가물가물하다. 돌아보면 아이들은 자라고 엄마는 늙어 가고 있었다. 나이 먹는다는 것이 익어 가는 것이라는 노래도 있지만 그건 긍정 에너지가 나올 때 할 수 있는 이야기다. 그 시절을 생각하면 엄마에게 미안해진다.

우리 인생도 나무처럼 떨켜가 있었다면 내 삶이 달라졌을까, 엄마의 수고가 덜어졌을까 그런 생각을 하게 된다. 우리가 살아가는 모든 일에는 잘 이별하는 법이 필요하다. 사람과의 이별, 머릿속 기억과의 이별, 사물과의 이별, 이별이란 단어에는 많은 것들이 넌출지며 따라붙는다.

정말 잘 이별할 수 있을까. 아침에 일어나면 부어 있는 눈꺼풀 하나에도 이리 신경이 쓰이는데 하물며 사회생활을 하면서 가능할까. 나이가 들수록 작은 일에도 집착하게 되고 몸과 마음은 따로 움직이는데 걱정이다. 건강하게 백 년쯤 산다면, 이제 가을의 초입인데 벌써 마음대로 되는 것이 없다.

로버트 프로스트의 〈가지 않은 길〉이란 시처럼 우리는 가지 않은 길에 대해 아쉬움과 두려움이 존재한다. 그래서 잘 이별하지 못하고 사는지도 모른다. 가지 않은 길에 대해서 늘 미련을 갖게 되는 이유이기도 할 것이다. 눈꺼풀이나 걱정하는 부정적인 에너지는 접어 두고, 긍정적인 에너지에 집중하면서 잘 이별하는 법을 배워 봐야겠다.

행운에 대한 로망

 로또 맞았다는 말이 있다. 이룰 수 없는 꿈인 줄 알면서 사람들은 로또를 산다. 핸드폰에 뜬 메신저를 보고, 늦은 시간인 줄 알면서도 메신저가 시키는 대로 따라 했다. 호기심도 호기심이지만 횡재를 노린 어설픈 욕심이 문제였다.

 메신저를 여니 스타벅스 그림이 한눈에 들어오고 "축하합니다."라는 메시지와 함께 선물 상자를 누르라는 글이 떴다. 나도 모르게 OK를 누르게 되었다. 9개의 선물 상자 중 3번 누를 기회를 준다고 되어 있다. 뭐지? 하는 호기심이 일었다.

 무슨 선물일까? 한 번 누르니 '운수 나쁘게'가 뜨면서 두 번의 기회가 있다고 한다. 다시 누르니 축하합니다. 1,000,000원 획득했다는 내용과 함께 규칙이 있다는 것이다. 어설픈 금액 1,000,000원, 살다가 이런 횡재를 하다니? 눈이 멀어지기 시작했다. 내 인생에 공짜는 없다고 생각하면서 살았고, 사실 열심히 살아도 본전을 찾을까 말까 하는데 '이런 일도 있네.'라고 가볍게 생각했다.

 20명의 친구에게 파란색 막대가 가득 찰 때까지 공유하라는 내용이었다. 시키는 대로 했다. 스타벅스는 그래도 신뢰할 만한 곳이라고 생각했다. 그런데 별로 누르지도 않았는데 막대가 50%로 올라갔다. 뭔가 속은 느낌이 들기 시작했다. 그래도 아니겠지? 하면서 자세히 보니 5그룹에 20명으로 되어 있다. 막대가 조금만 더 하라고 재촉하고 있어서 속은 척 눌러도 될 사람에게 눌렀다. 한 사람에게 여러 번을 눌렀는데 오류가 뜨지 않았다. 순간 문제가 있다는 것을 직감했다.

욕심 때문에 낯부끄러운 일을 했다. 설마, 나에게 이런 일이 생기겠는가 하는 의심을 하면서도 사실을 알아볼 생각은 잠시 잊었다. 밤이 늦었지만, 나도 모르게 손가락이 움직였다. 막대그래프가 올라갈수록 조금만 더 누르면 될 거라고 가볍게 생각했다.

드디어 파란 막대가 100%를 채우고 눌렀는데 꽝이었다. 그제야 정신을 차리고 인터넷 검색을 해 보니 스타벅스가 50주년이 되었고 이 막대그래프는 해킹 프로그램이라고 되어 있다. 무슨 일을 한 것인가. 뒤늦은 후회, 미안하고 또 미안했다. 다행히 전달되지 않은 메시지가 훨씬 많아서 조금은 나아졌지만, 쥐구멍에라도 들어가고 싶었음을 감히 고백한다.

살면서 추첨이나 당첨이 되는 행운은 나와는 거리가 멀었다. 행사장 같은 곳에 가면 남들은 추첨이 되어도 내게는 그런 기회가 오지 않았다. 그런 줄 알면서도 추첨이 되길, 때론 일확천금을 꿈꾸는 희망을 버릴 수가 없다. 분명 제정신이 아니다. '세상에 공짜는 없다'는 신조를 품고 살면서도 포기하시 못하는 양면성이 있음을 깨닫는다.

누르기 전에 한 번만 인터넷을 검색해 보았다면 낯부끄러운 일은 없었을 것이다. 살아온 날들을 생각해 보면 이렇게 쉽게 당첨이 될 확률은 매우 낮다, 한 번쯤 의심해 보았어야 했는데 아무런 죄의식 없이 남의 것을 탐낸 결과이다. 후회한들 이미 때는 늦었다.

꿈을 꾼다든가 무슨 일이 있으면 복권을 사야겠다고 할 때가 있다. 주위를 둘러보면 많은 사람이 복권을 산다. 복권 발행의 수익금은 의료 지원, 복지 지원, 교육 지원, 지방자치 재정 지원 등 사회 발전에 공헌하고 있다. 1,000원짜리 복권을 사면 약 410원이 복권 기금으로 조성된다고 한다. 의외로 복권 기금이 좋은 일에 쓰이고 있다는 것을 알 수 있다.

복권의 역사는 꽤 오래되어 서양의 경우 고대 이집트 파라오 시대로 추정하고 있고, 우리나라는 친목 도모 및 서로 간의 경제적인 어려움을 극복하기 위한 각종 계가 이에 해당한다고 보면 된다. 2004년도에 〈복권 및 복권기금법〉 시행에 따라 복권 발행 기관이 단일화되었고, 2011년에 연금식 복권이 도입되었다. 로또에 대한 기대는 버릴 수가 없나 보다.

좋은 일이 생기면 로또 맞았다고 한다. 좋은 꿈을 꾸면 로또를 사야겠다고 한다. 하지만 로또가 맞을 확률은 낮다. 낮은 줄 알면서도 사람들은 로또를 산다. lotto는 이탈리아어로 '행운'이라는 뜻이다. 행운이 그렇게 쉽게 굴러들어 올 리가 없다. 행운도 노력한 대가만큼만 오는 것이다.

행운의 상징인 네잎클로버가 생각난다. 어릴 적에 친구들과 풀밭에 앉아 네잎클로버를 찾았던 기억이 있다. 어쩌다 찾게 되면 팔짝팔짝 뛰면서 좋아들 했다. 책 속에 예쁘게 펴서 간직해 놓고 막연하게 행운이 찾아오길 고대하기도 했다. 그것이 무엇이라고, 눈이 빠지도록 해가 지는 줄도 모르고 풀밭에 앉아 찾았을까? 그때나 지금이나 행운에 대한 기대는 버릴 수가 없다.

얼마 전에 "코인 이대로 두면 2030 다 망합니다."라는 문구를 보았다. 코인에 영끌 진입했다는 이야기다. 코인 잃고도 멘탈 유지하는 법도 있었다. 사회의 부정적인 시선을 느끼면서도 포기하지 않고 코인을 사는 사람이 있다는 것은 좌절하면서도 일확천금의 행운을 노리기 때문일 것이다.

꽝일 줄 알면서 로또를 사고, 당첨 프로그램을 누른다. 일확천금이나 횡재의 꿈은 버릴 수가 없나 보다. 그 대가로 상술이나 해킹 프로그램에 당하는 어이없는 일이 생긴다. 뒤

늦은 후회는 좌절감을 몰고 온다. 나처럼 메신저를 눌렀을 지인들에게 정말 미안하다. 살면서 행운이 생길 것이라는 로망은 버릴 수가 없으니 어찌하랴. 기대심리가 생기는 속물근성에 오늘도 낯부끄럽다.

시간의 깊이

　파블로 네루다의 시 한 구절을 되뇐다. "봄이 벚나무와 하는 것과 같은 걸 너와 함께하기를"이라고 중얼거리는 사이를 건너 벚나무에서 잎이 지고 있다. 시간이 흐른 것이다. 하얀 벚꽃이 만발하던 한때가 지나고, 꽃잎이 지고, 열매가 맺고, 열매가 지고, 단풍 든 이파리가 낙엽이 되더니, 이제 나무는 곧 벌거숭이가 될 것이다. 파란 하늘에 맞닿은 벚나무의 우듬지가 아득하다.

　나무에서 꽃이 피고, 꽃이 지고, 열매가 맺고, 열매가 익고, 단풍이 드는 모든 현상을 동시에 볼 수 있다면 어떻게 될까. 사람이 살면서 과거와 현재 그리고 미래를 동시에 바라볼 수 있다면 어떻게 될까. 절대로 그런 현상이 일어날 리 없겠지만, 말도 안 되는 상상을 한다. 그런 상상으로 하루해가 저물 때가 있다.

　우리는 살면서 '너와 함께하기를' 소망하며 살지만, 시간이 흐르면서 소망은 소망으로 끝이 난다. 모든 것은 때가 있고, 슬프게도 영원한 것은 없다. 지켜지지 않는 약속처럼 변하지 않는 것도 없다. 변하지 않는 것을 찾다 보니, 사람들은 영원히 변치 않는 것의 상징인 다이아몬드를 좋아하게 되었는지도 모른다. 물론 오늘날은 부와 권력의 상징으로 전락하기는 했지만 말이다.

　흐르는 시간 앞에 장사 없다는 말이 있다. 젊은 시절에는 그 말이 무슨 의미인지 모르고 살았다. 하늘의 뜻을 안다는 시천명이 훨씬 지났는데도 시간을 다루는 법은 알 수가 없다. 시간이 강물처럼 흘러도 멈추어 버린 듯 지루해도 되돌릴 수 없는 시간은 천천히 때로는 빠르게 가고 있다. 깊은 곳으로 더 넓은 곳으로.

　시간이 흘러 흘러 쌓이면 어떻게 될까. 강물처럼 흘러갈까. 바다처럼 넓어질까. 깊어질까. 불필요한 상상이 밀물과 썰물처럼 머릿속을 어지럽게 한다. 아무리 퍼내어도 줄어들지 않는 바닷물처럼 시간은 바다처럼 깊어진 것은 아닐까. 시간의 깊이에 대해 생각하게 된다.

　언제부턴가. 오래된 것들은 감정이 없는데도 불구하고 선명해질 때가 있다. 하필 어느 순간 어느 때를 가리지 않고 떠오른다. 퍼 올리지 않아도 문득문득 그렇게, 무슨 일인지 나도 나를 모를 때가 있다. 시간의 깊은 곳에서 불쑥 솟아오르기라도 하는 것 같다.

　이파리가 진 나무를 보고 있으면, 문득 지나간 시간이 떠오른다. 봄이 되면 새싹이 나듯이 유년을 더듬으면 파편처럼 어렴풋이 기억나는 것들이 있다. 새싹이 올라온 나무에 기대어 자세 잡고 사진을 찍던 흑백의 아이. 초등학교에 입학하던 그해 봄, 홍역 때문에 학교에 가지 못해 그 봄을 놓쳐 버렸다. 그때 아프지 않고 다른 동급생들처럼 봄을 온전한 내 것으로 만들었다면 지금의 나는 달라졌을까.

  오늘 일어난 일은 까맣게 잊어버리는데 오래된 일들은 결코 잊히는 법이 없다. 유년의 기억, 어린 시절의 그때는 아무리 퍼내도 줄지 않는다. 오래된 기억일수록 더 깊이 뿌리를 내려 잊히지 않는다. 정확히 말하면 특별한 기억일 것이다. 그래서일까. 오래된 것들은 흐릿한 듯하면서도 문득문득 수면 위로 떠오른다.

  어느 날은 수면 마취에서 깨어났는데 몇십 년을 건너뛰어 한 번도 한 적 없는 말을 나도 모르게 중얼중얼 간호사에게 하고 있었다. 낯선 사람 앞에서도 끝없이 말을 하는 할머니들처럼. 흑백 사진처럼 모호하면서도 유년의 기억들은 시간의 깊이에서 건져 올리기에 무섭다는 생각을 할 때가 있다.

  시간의 깊이에 빠진 것들은 아무리 퍼내어도 줄지 않는다. 산수가 넘으신 아버지는 나만 보면 골동품 같은 옛이야기를 어제인 듯 두레박으로 퍼 올린다. 천 번을 긷는다고 해도 밀물과 썰물처럼 차이만 있을 뿐 항상 그대로일 것이다. 파도타기를 하듯이 앞으로 뒤로 포말이 쌓이면 어느새 나는 아버지를 닮아 가는 침식된 퇴적층이 되어 있다.

시간의 깊이에 빠져 오래된 것들은 때론 무기가 된다. 기억을 더듬다 나도 모르게 좌절할 때가 있다. 잊어버린 줄 알았던 일들이 생각난다. 때론 그리움이 되었다가. 시간을 되돌린다면 달라졌을까. 후회의 날을 세울 때도 있다. 그 기억은 질서 없이 내 주위를 맴돈다.

오늘 네가 살았던 곳을 지났다. 그곳에는 달이 떴고, 토끼가 살고, 은하수가 흐르고 있었다. 이제 그곳은 살기 좋은 곳으로 변해 있더라. 너는 없고, 네 기억만 남아 있었다. 내 이름을 부르며 함께하자던 네 말에 냉정히 거절했던 마지막 그날의 네 모습이 시간의 깊이에서 따라 올라왔다. 그때 좀 더 부드럽게 그러자고 한마디만 말해 주었더라면 달라졌을까.

벚나무 이파리가 진다. "봄이 벚나무와 하는 것과 같은 걸 너와 함께하기를" 소망했는데 아무것도 하지 못하고 보내 버린 너를 생각한다. 어느 하늘의 별이 되어 샛별처럼 반짝이고 있을 것이라고 잊고 지내다가도 시간의 깊이에 빠지면 허우적거리게 된다. 우물을 퍼 올리듯 위로받지 못한 기억을 두레박으로 긷는다.

시간의 깊이는 무겁다. 아무리 퍼내어도 없어지지 않는다. 바다처럼 깊은 그곳, 밀물처럼 썰물처럼 왔다가 제자리로 채워지는 것들, 시간의 깊이에 빠지지 않을 수는 없을까. 오늘도 시간이 흐른다. 바다처럼 넓고 깊은 곳으로.

싸리나무 상념

 쓰윽쓰윽, 잠결 속으로 익숙한 소리가 파고든다. 꿈결인 듯 아닌 듯 절집 마당의 가지런한 빗자루 결이 머릿속을 오간다. 예전에는 고층 빌딩보다 마당이 있는 집이 많아서 누구나 빗자루로 마당을 쓸었다. 빗자루의 재료는 싸리나무였다. 그 나무는 보라색의 앙증맞은 작은 꽃을 피웠다. 고속버스를 타고 길을 떠날 때면 도로 창문을 통해 야산에서 피어나는 싸리나무 꽃을 보았다. 꽃은 수줍은 얼굴로 어디 가는지 묻는 것 같기도 했다.

 휴일 아침, 잠을 즐겨야 하는데 빗자루 소리에 감각이 서서히 깨어난다. 가을의 초입임에도 불구하고 무더위가 기승을 부려 창문을 열어 놓고 잤다. 그 사이로 빗질 소리가 넘나든다. 더 자고 싶어도 감각 세포가 어서 일어나라고 재촉한다.

 열린 창문으로 고개를 내밀고 아래를 내려다본다. 아파트 놀이터 주위의 나무가 제법 발그스름하게 물들었다. 저 나무에서 낙엽이 진 모양이다. 경비 아저씨가 놀이터 주위에 떨어진 나뭇잎을 쓸고 있다. 바야흐로 낙엽 흩날리는 계절이다.

 어젯밤 근무한 아저씨인지. 새벽같이 출근한 분인지 모르겠지만 빗자루 소리를 오랜만에 듣는다. 마당이 있는 시골집에는 응당 빗자루가 있었다. 싸리나무로 엮은 빗자루, 그 빗자루로 무엇이든 쓸어 담았다. 쓸고 나면 금방 또 쌓이긴 했지만 말이다. 요즘은 마당이 있어도 잔디를 심기 때문에 빗자루가 지나간 결을 볼 수가 없다.

 언젠가 송광사 절집에서 빗자루가 지나간 자국을 보았다. 배롱나무 아래에 가지런한 흔적은 마음을 흐뭇하게 했다. 빗자루는 여러 개의 싸리나무 줄기를 묶어서 만든다. 그렇다고 예쁘고 가지런한 것만 있는 건 아니다. 마당을 쓸다 보면 닳고 닳아 몽당이가 되어 버린 빗자루도 있다. 자기 몫의 일을 열심히 한 결과물이다. 문득 빗자루가 지나간 흙 마당이 그립다.

 창문 너머로 들려오는 저 소리가 정겨운 것은 쓸고 나면 정갈해지는 마당이 생각나기 때문이다. 아무 걱정 없이 살수 있었던 유년은 그리움이다. 향긋한 꽃 내음의 보라색 작은 꽃잎이 아른거린다. 문득 싸리나무 꽃말이 궁금하여 검색해 본다. 사색, 상념이란 단어가 나온다. 싸리나무 소리에 온몸의 세포가 일제히 깨어나는 이유를 알 것 같다.

 싸리나무 이파리는 정갈하다. 줄기 또한 가지런하다. 그

나무로 만든 빗자루로 마당을 쓸었으니 쓸고 나면 마당이 정갈해지는 것은 당연하다. 이제는 마당이 없어진 것처럼 싸리 빗자루를 본 지도 오래되었다. 유년의 흙 마당을 쓸었던 빗자루도 차차 없어지고, 그 결이 사라진 것처럼 사람의 가지런한 마음도 찾기 어렵다. 마당이 어지럽혀져 있으면 마당을 깨끗하게 쓸었던 빗자루가 그립다.

예전의 우리 선조들은 빗자루로 마당만 쓸었을까. 마당을 쓸며 마음도 쓸었을 터이다. 쓸어도 뭔가 쌓이는 마당처럼 마음의 때도 끊임없이 쌓이지 않던가. 문득 마음의 티끌을 쓸어 담을 빗자루 하나 갖고 싶다.

싸리나무는 우리의 일상생활에서 쉽게 접할 수 있다. 여러 가지 용도로 쓰기 위해 집 울타리로도 사용했다. 싸리나무로 만든 것이 비단 빗자루만은 아니다. 지팡이, 바구니를 만들고 싸리나무를 엮어 사립문을 만들기도 했다. 회초리에도 제격이었다. 사리 분별을 모르면 회초리는 종아리에 멍을 남겼다.

옛날 한 선비가 싸리나무 앞에 제사상을 차려 놓고 울고 있었다고 한다. 그 연유를 물은즉 일찍 어머니를 여읜 선비를 아버지 혼자 기르면서 잘못하면 싸리나무 회초리로 혼을 냈단다. 폭우로 어머니를 잃고 시신을 찾지 못해서 어머니의 묘가 없었다. 과거시험 공부를 하러 입산하기 전에 아버지는 어머니 대신 싸리나무 회초리로 가르침을 주었으니 어머니를 대신한 회초리라는 말을 했다. 그 가르침을 받아 과거에 급제했다며 어머니를 대신한 싸리나무에 제를 지냈다고 한다.

어디선가 읽었던 회초리(回草理)란 단어, 뜻은 회초리를 맞고 처음으로 돌아오라는 것이란다. 물론 꽃으로도 때리면 안 된다는 건 알고 있지만, 지금은 회초리를 들 어른이 없는 시대가 되어 버렸다. 마음을 정갈하게 하는 빗자루나 사리분별을 모르면 알게 했던 회초리나 같은 의미인 것 같다.

아무래도 오늘은 산으로 가야겠다. 지금쯤 싸리나무 잎도 노랗게 물들었을 것이다. 쓸 마당은 없지만, 싸리나무 줄기라도 한 묶음 가져와야겠다. 정갈한 잎들과 가지런해지는 흙 마당의 결을 마음으로 느껴 보리라.

모과를 닮고 싶다

 선정암 뜨락에서 모과가 노릇하게 익어 간다. 세상 청순한 얼굴로 시나브로 맑은 향기를 보낸다. 길손의 시선을 붙잡고 놓아주지 않는 모과, 과일전 망신은 모과가 시킨다는 말이 있는데 이쯤 되면 그것도 아닌 듯하다. 울퉁불퉁한 생김새의 투박함은 선뜻 호감을 불러일으키지 않지만 편안한 노란빛은 볼수록 어여쁘다.

 가을엔 누가 뭐래도 노랑이다. 그 대열에 낀 모과가 수줍음도 잊은 채 담장을 넘어와 손짓한다. 가을은 모과의 빛깔로 완성된다. 모양보다 향기로 먼저 말을 걸어오는 데 당할 재간이 없다. 잘 익은 빛깔을 가까이하면 평화로움이 가슴으로 가득 퍼진다.

 모과가 꽃을 피울 때쯤이면 봄은 이미 우리의 마음속에 깊이 자리 잡는다. 봄이 축제를 끝내고 한풀 꺾일 즈음에야 모과는 살며시 이파리를 내고 꽃을 피운다. 수피가 아름다운 나무에서 연분홍 꽃이 올라오면 봄은 소리 없이 깊어진다.

 모과를 생각하면 온몸이 향기로워진다. 울퉁불퉁하고 투

박한 생김새와 다르게 향기는 그 무엇에도 견줄 수가 없다. 모과 향기는 연분홍 꽃잎처럼 감미롭고 사랑스럽다. 단단한 과육과 다르게 꽃잎은 한없이 부드럽다. 모과의 꽃말은 유혹이다. 향기에 어울리는 의미가 아닐까 싶다.

꽃이 지고 잎은 듯 무더운 여름이 가고, 나무에 열매가 맺혔는지 아무도 기억하지 않는 사이 가을이 온다. 그때쯤 잎사귀에 가려 동색이라 보이지 않던 모과는 서서히 모습을 드러낸다. 나무에 매달려 있었는지도 모를 정도로 초록색이던 모과는 점점 제 모습을 드러낸다. 모과의 얼굴은 매끈하다. 굳이 표현하자면 생경하다. 아무하고도 눈을 맞추지 않겠다는 얼굴이다. 하지만 모과를 보는 순간 우리는 첫눈에 빠져들고 만다.

모과의 숨결은 노랗다. 노랑이 초록을 지우며 번져 가는 걸 보고 있으면 흐뭇하다. 빨리 익기를 바라며 모과 한 알의 정물을 상상하기도 한다. 방 안을 가득 채우는 향기 속에서 행복할 일상을 꿈꾸는 것이다.

말갛게, 그리고 샛노랗게 익어 가는 열매는 '구스타프 클림트'의 〈키스〉라는 그림을 생각나게 한다. 노랑 문양에 둘러싸인 두 사람, 구별되지 않는 결합체가 하나인 듯 둘인 연인, 여인의 구부러진 발가락, 그 사이로 모과 향이 흔적도 없이 빠져나가 버릴까 봐 혼자서 안달한다. 몽환적이고 비현실적인 그림처럼 모과의 향기는 은근한 중독성을 갖고 있다.

모과의 맛은 미묘하다. 잘 익은 과실을 썰어 차를 담그면 과육의 숨결이 느껴진다. 유리병 안에서 숙성되는 모습은 모든 것과 화합하는 자연의 묘미를 전한다. 적당히 때를 기다리면 서서히 깊은 맛으로 익어 간다. 모과차를 따뜻하게 만들어 유리잔에 넣어 음미하는 순간, 삶은 더없이 안온하다. 시큼하고 떫떠름한 그 미묘한 맛을 무엇에 견주어 말하리.

모과는 썩어도 썩지 않는다. 지난가을 지인이 준 모과 한 알이 차 안에서 일 년의 시간을 견디고 있다. 말보다 향기를 전한 지인의 마음을 알기에 차마 버릴 수가 없다. 처음에는 노랗던 모과의 몸피가 이제는 갈색이 되어 버렸다.

모과는 썩어도 냄새가 나지 않는다. 모든 과일은 썩으면 문드러지고 날벌레가 생기며 냄새가 난다. 모과는 다르다. 다만 조금씩 작아지고 말라 간다. 돌처럼 단단히 굳는다. 환한 향기를 그대로 간직한 채 아무것도 받아들이지 않겠다는 듯, 시꺼먼 돌덩이 화석이 되어 간다.

어느 작가가 모과 한 알을 알베르토 자코메티의 〈남자의 흉상〉에 비유했을 때는 가슴에 와닿지 않았다. 그런데 지난해 내게로 온 모과를 보면서 자코메티의 마지막 작품 〈앉아 있는 남자의 흉상〉에 동감하게 되었다. 그 작가의 묘사처럼 고행 승의 열반을 보는 듯하다는 말에도 공감하며 온몸에 전율을 느낀다.

  모과를 닮을 수만 있다면 좋겠다. 모과처럼 익어 가고 싶다. 늙음으로 얼굴에 주름살이 가득 차도 향기를 발하고 싶다. 냄새도 없이 단단해질 수 있다면, 향기만을 간직한 채로 생을 마감할 수 있다면 얼마나 좋을까. 세상의 모든 것과 결별하고 더는 감정에 휘둘리지 않는 천년이 지나도 그대로인 화석이 되길 소망한다.

  속세를 등지고 선정암 뜨락에 들어앉아 유혹하는 모과에 휘둘렸다. 산새들의 지저귐을 노래 삼아 바람에 흔들리는 풍경 소리를 친구 삼아 속을 키우는 모과, 가을을 뒤에 두고 내려오는 길, 발자국마다 향기가 고인다. 농익은 빛깔 속에서 한 계절의 자화상을 본다.

나목(裸木)

 하늘에서 눈을 내려보냈다. 이 겨울, 세상의 모든 것에 연민을 느꼈을까. 그리하여 따스하게 품어 주고 싶었을까. 아니면 포근하게 덮어 주고 싶었을까. 온통 하얗다. 벌거벗은 실오라기 하나 걸치지 않았던 나목에도 순백의 옷을 입혀 주었다. 메마른 가슴에도 청춘의 한때처럼 감탄사가 튀어나왔다. 지금이 아니면 볼 수 없는 아름다움이다. 곧 해가 떠오르면 서서히 녹아 사라져 버릴 것을 알기에 더욱 애틋해 보인다.

 만연사 대웅전 앞, 나목이 되어 버린 배롱나무에도 하늘의 손길이 닿았다. 나무에 걸려 쓸쓸함만 가득 품었던 연등이었는데 하얗게 순백의 꽃을 피워 내고 있다. 만연산은 병풍처럼 한 폭의 아름다운 설경화를 펼쳐 놓고 메마른 길손의 가슴을 촉촉하게 적신다. 해가 떠오르고 햇살에 반짝이는 순백의 눈이 바람에 휘날린다. 풍경 소리 은은하게 가슴으로 파고든다.

 대부분의 첫눈은 소리 없이 왔다가 소리 없이 가 버리기에 눈이 온 것을 미처 느끼지 못할 때가 많다. 겨울이 조금 깊어지고 함박눈이 내릴 때 눈꽃을 보면서 순백의 아름다움을 느끼게 되는 것 같다. 한때는 저 순백의 눈을 바라보면 가슴 한쪽이 애절하던 때가 있었다. 아무리 많은 눈이 덮여도 부러지지 않는 대나무처럼 푸르렀던 내, 덮인 눈에 누렇게 변색한 이파리처럼 숨이 옥죄어 오는데 잿빛 하늘은 눈치도 없이 첫눈을 내려보냈다. 그리하여 얼마 동안 첫눈을 생각하면 애절했다.

  잿빛 하늘처럼 내 몸에 먹구름이 끼어들었다. 사형 선고처럼 내려진 병명을 품에 안고 차창 너머로 휘날리는 눈발을 바라볼 뿐이었다. 크게 절망하지 않았으나 병의 무게에 휘둘렸다. 휘청거리다가 놓아야 할 것들을 놓지 못했고, 아무것도 잡지 못하고 뗏목을 등에 지고 산으로 올라가는 비극이 초래되었다. 물에 남겨 두지 못한 뗏목만큼이나 고단한 삶이 발목을 잡았다.

  눈을 떠도 산 것이 아닌 것처럼 영혼 없이 살았다. 늘 잠꼬대를 했고, 발을 땅에 디뎠으나 허약해진 몸과 마음이 허공에 부유했다. 알프레드 하우스먼은 "진주나 루비는 다 주어도 네 마음만은 주지 말라."라고 했는데 병에 마음을 주었으니 스물하나를 넘기는 일은 가혹했다.

  아무도 묻지 않았고, 홀로 무게를 간직한 채 일 년여의 시간을 보냈다. 긴 어둠을 뚫고 나오듯 터널을 빠져나왔으나 오랫동안 가슴에서 망치질 소리가 끊이지 않았다. 모래사장 위에 남겨진 새의 발자국처럼 선명한 상흔이었으나 되돌아온 대답은 신경성이란 무책임한 단어뿐이었다. 겨울이 다가오고 날씨가 추워지면 더 심하게 가슴을 내리쳤다.

  때론 모른 척 외면했다. 깊이 묻어 버렸다고 생각했으나 가끔 지각 변동을 하듯 흔들릴 때가 있다. 의례적이고 반복적인 질문에 무덤덤해지지만, 깊은 곳에서 올라오는 감정의 찌꺼기들은 혼자만의 것이다. 두레박으로 퍼내고 퍼내어도 줄어들지 않는 우물처럼 깊은 곳에 저장되어 있어 불쑥 올라올 때가 있다. 어둠처럼 스멀스멀.

  눈이 쌓여 덮이고 덮인 시간이 세월의 덮개가 되어 순백의 아름다움이 되었을 때 첫눈의 애절함도 서서히 잊혔으나 가 보지 못한 길에 대한 방황에 내 젊은 날은 되돌릴 수 없게 되었다. 자존감은 바닥을 치고 오기로 버틴 세월이었다. 이제는 주름살만 가득 남아 뒤돌아보면 나목처럼 헐벗은 내가 있다. 오늘처럼 눈이라도 내리는 날이면 순백의 옷 한 벌이 그저 감사하다. 곧 녹아 없어져 버릴지라도 이 순간이 황홀하다.

  잎이 다 떨어져 나가고 앙상하게 남아 순백을 덮고 있는 나무를 바라본다. 저 나무에서는 무성하게 잎을 가득 매달고 있었을 활엽수가 생각나지 않는다. 어쩌면 모든 것을 버리고 나목으로 설 수 있을 때만이 순백의 눈에 자리를 내줄 수 있는지도 모른다. 대웅전 앞 배롱나무가 하얀 연꽃을 피울 수 있는 것도 나목이어서 가능한 것이리라.

 하얗게 쌓인 눈 위를 탑돌이 하듯 설어 본다. 아무도 긷지 않은 길, 오로지 내 발자국만을 받아들이는 눈, 뽀드득뽀드득 깊지도 않게 적당히 발자국을 남긴다. 선명하지만 곧 녹아 사라질 내 발자국처럼 영원한 것들은 찾기 힘들다. 살아온 세월이 말해 준다. 하지만 기억은 지워지지 않는다.

 얼마나 더 비워 내야 오래된 기억을 퍼 올리지 않아도 살아질까. 텅 빈 우물처럼 나를 말려 온전히 인정하면 받아들여질까. 어쩌면 퍼낼 물이 남았다는 것이겠지. 아직은 멀었다. 순백의 눈발을 받아들일 수 있는 진정한 나목이 되기까지는 먼 길이다.

 바람이 분다. 배롱나무 연등 위에 쌓인 눈발이 조금씩 휘날린다. 바람 따라 흔적 없이 사라질 저 눈발은 이제 어디로 가는 것일까. 하늘은 순백의 눈을 땅으로 내려보내고 아무것도 모른 척 시퍼렇게 굳어 있다. 구름 한 점 용납할 수 없는 신의 얼굴이다.

왔던 길 기억하니?

 밤늦은 시간, 친구가 문자를 보냈다. 자냐고 묻길래 "왜?"라고 답장을 보내도 소식이 없더니 20분이 지나서 문자가 왔다. 아침에 검사할 때도 이상 없었는데 늦은 시간 콧물이 많이 나와서 검사를 했더니, 두 줄이 나왔다고 미안하다는 내용이다. 오늘 점심을 친구랑 같이 먹었기 때문이다. 아무래도 걱정이 된 모양이다. 친구에게 비상약이라도 먹으라고 말하고 내일 아침 병원에 가라는 문자를 보냈다.

 점심은 야외에서 먹었기에 크게 문제가 될 것 같지는 않다. 우선 어떻게 해야 할까 생각하다 따스한 생강차를 타서 한 잔 마셨다. 혹시 모르니 면역력이 떨어지면 안 될 것 같아서다. 아직까지 아무 증상이 없으니 컨디션 조절을 해야겠다는 생각이 든다. 그리고 내일 있는 점심 약속을 취소해야 할 것이고, 또 무엇을 할 것인가 생각을 거듭했다.

 내가 걸어온 시간을 그렇게 세세하게 짚어 본 적이 있었을까. 친구의 문자를 받고 오늘 만난 사람들을 꼽아 보았다. 만약, 내일 아침에 내게 무슨 일이 생긴다면 일일이 설명하고 나의 행적을 고스란히 기억해 내야 할 것이다. 행여 피해가 가지 않을까, 친구처럼 미안해하고 전전긍긍하는 일이 생길 것이다.

얼마 전, 산책길에서 만난 고라니가 생각난다. 저녁 산책 코스가 산과 가깝기에 만나게 된 것이었다. 고라니는 해가 저물자 산에서 내려온 모양이었다. 갑자기 눈앞에서 무엇이 펄쩍 뛰어 목줄 풀린 개인 줄 알고 놀라 피하려고 했다. 더 놀란 고라니가 차도를 뛰어서 산 쪽으로 스며들었다. 고라니를 보면서 나도 모르게 "왔던 길 기억하니?"라고 물었다. 무사히 돌아갈 수 있을지 걱정이 앞선 것이었다.

고라니가 돌아가는 길을 기억하지 못한다면 어떻게 될까. 기억한다고 해도 위험한 차도를 몇 개쯤 더 만날지도 모를 일이다. 어쩌자고 도로를 건너 민가로 스며들었는지, 아무리 야행성 동물이라고 해도 위험을 무릅쓰고 돌아가는 길은 괜찮을까. 귀소성이 뛰어난 동물이지만 보는 이의 마음을 불안하게 하는 건 사실이다.

요즘은 로드킬이 흔하게 일어난다. 운전자가 조심해도, 고라니가 갈 길을 갔다고 해도 사고가 날 확률이 높다. 그렇다면 운전자에게도 난처한 일이 아닐 수 없다. 살아 있는 생명체를 해하는 사고는 트라우마로 남게 된다.

언젠가 밤늦은 시간 휴가 나온 아들 녀석을 데려다준 적이 있다. 그 길에서 작은 생명체와 부딪혔다. 아무래도 느낌상 다리를 다친 것 같은데 그 이후로 어두운 밤길이면 로드킬에 대한 불안이 더욱 커졌다. 정체 모를 그 생명체에 관한 생각은 오래도록 나를 괴롭게 따라다닌다.

"왔던 길 기억하니?"라고 물은 건 비단 고라니만의 길이 아니다. 생각해 보면 오늘 내가 걸어왔던 길이기도 하다. 우리가 사는 하루는 기억하고 싶지 않은 시간과 좋은 시간이 공존한다. 하루를 마감하면서 시시콜콜한 일들을 굳이 기억하려 하지 않기에 특별한 일이 아니면 잊고 지내기도 한다. 물론 특별한 일들은 느닷없이 갑자기 기억날 것이다.

주변을 둘러보니, 코로나19에 확진되었던 사람들이 많다. 아무리 조심해도 돌발 상황이 있기 마련이다. 이제는 코로나19도 일반 의료 체계로 전환하고 각자도생의 길에 들어섰다. 물론 처음에 코로나19 환자가 발생한 이후보다는 그 기세가 약해졌다. 하지만 막상 코로나19에 걸렸을 때는 당황스럽지 않을 수 없다. 코로나바이러스가 우리 주변을 맴돌아도 언젠가는 사라질 것이기에 조용히 기다렸다.

문제는 너무 오랫동안 코로나19에 시달려 많은 것들이 제자리를 찾아가기에는 시간이 걸린다는 점이다. 이제 진료는 비대면에서 대면인 일반 의료 체계로 바뀌었다. 달리 말하면 불편함을 받아들이는 시대가 왔다. 코로나 이전과 이후는 어떻게 다를지 여전히 접촉에 대한 불안함을 간직한 채 주시하고 있다.

 코로나19 확진자의 후유증이 검증되지 않아서 많은 설이 있다. 무엇이 정확한지는 아직 모른다고 해도 후유증이 있을 것이기에 걱정이 앞선다. 정부의 방역 체계가 비껴어 거리 두기를 해제한다고 해도 이제는 코로나 이전으로 돌아가는 게 조심스러울 것이다. 시간이 흐른 후에 "나 때는 말이야."로 시작되는 이야깃거리가 될지도 모른다.

 "왔던 길 기억하니?"라고 묻는 것은 이 시대에 아무 의미가 없을지도 모른다. 그 의미 없음에도 뇌의 회로는 우리에게 안전을 묻는 화두가 될 것이다. 때론 염려처럼 위로처럼.

물동이의 무게

 옛 사진이나 그림을 보면 정겹다. '옛'이란 지나간 때를 말한다. 누군가에게는 다시 못 올 어느 한때이기도 하고, 다시 못 볼 기억의 한 토막이기도 하다. 인터넷을 검색하다 물동이를 머리에 이고 줄을 서서 가는 모습의 사진을 보게 되었다. 가뭄이 들어 물동이로 물을 나르는 장면을 찍은 것이었다.
 물동이를 머리에 인 아낙네의 모습은 옛 그림에서도 볼 수 있다. 김홍도의 〈우물가〉란 그림도 있다. 우물가와 관련된 버들잎 설화는 유명하다. 목이 말라 우물가를 찾는 남정네에게 여인네가 물을 담은 바가지에 버들잎을 띄워 주면서 "급히 물을 마시면 체한다."라고 했던 왕건이나, 이성계와 관련된 설화는 굳이 말하지 않아도 알 것이다. 태조 이성계와 신덕왕후의 사랑을 그린 '정릉 버들잎 축제'도 있다.
 물동이와 관련된 것들을 보고 있으니 옛 시절이 스친다. 그립기도 하지만 고단하기도 했던 때였다. 물동이가 없어진 지가 오래된 것 같아도 손가락을 꼽아 보면 얼마 되지 않았다. 세월의 흐름에 따라 많은 것들이 달라졌다. 물동이를 머리에 이고 다닌 것이 엊그제 같다. 그때는 지금처럼 수돗물의 편리한 시절이 올 줄 모르고 살았다.

동네 어귀에 마을을 지켜 주는 커다란 팽나무가 우람했다. 그 위쪽에 우물이 자리했다. 아래로 좁은 계곡에서 흐르는 물과 우물이 넘쳐흘러 만들어 낸 작은 개울이 있었다. 그곳에 옹기종기 모여 앉아 빨래하고 놀았다. 여름이면 옷을 입고 목욕도 했다. 아무리 가뭄이 와도 우물은 적당히 물을 흘려보냈다.

마을 사람들은 여름이면 김치를 통에 담아 우물에 넣어 놓고 꺼내 먹었다. 냉장고가 없던 시절이었다. 그 김치 맛은 특별했다. 가끔 그 시절이 그리워지는 것은 무더운 여름날 우물에서 꺼내 먹었던 김치 맛 때문인지도 모르겠다.

나이가 많든 적든 여자들은 물동이를 머리에 이어야 했다. 누군가의 "아이고, 물동이도 이고 이제 다 컸네."라는 말도 안 되는 한마디에 물동이를 이는 일이 당연한 줄 알고 살았다. 때론 무거웠지만 그 한마디가 칭찬인 줄 알았다. 잘 보이려고 더 많이 물을 담아 물동이를 이고 다녔다.

집에서 우물가까지는 백 미터 정도의 짧은 거리였다. 어릴 적 어둠이 몰려오면 우물가로 가는 길이 너무 멀었다. 지금이야 가로등도 있고, 집마다 전깃불이 들어와서 어둡지 않지만, 어둠이 몰려오면 물동이를 이고 우물가로 가는 길이 온통 깜깜했다. 그만큼 내가 사는 곳은 산골이었다. "걸음아, 나 살려라." 하는 마음으로 우물가에서 물을 길어 왔던 적이 한두 번이 아니었다.

유년의 아이들에게 죽음에 관한 것보다 무서운 이야기는 없다. 어느 날 사람이 죽기 전에 몸에서 혼불이 빠져나간다는 소리를 들었다. 밤이 되면 그런 말들이 귓가를 따라다녀서 더 무서웠다. 밤에는 우물가에 가기 싫었지만 어쩔 수 없었다. 어른들은 구체적으로 여자의 혼불은 동그랗고 남자의 혼불은 기다랗다고 말하기도 했다.

어느 날 저녁이었다. 해가 넘어가고 어둠이 몰려오는데 물동이를 들고 집 모퉁이를 막 돌아 탱자나무 울타리를 지나갈 때였다. 하늘에서 불똥이 바로 앞산에 기다랗게 떨어지고 그 주위가 환해졌다. 어린 마음에도 그것이 혼불이라는 것을 바로 직감했다. 얼마나 무서웠던지 "걸음아, 날 살려라."라고 발걸음을 돌리려고 해도 발이 떨어지지 않았다. 온몸이 얼어 버렸다. 얼마 후 마을 가장 윗집에 사는 할아버지 한 분이 돌아가셨다. 그날 이후로는 저녁에 물동이를 들고 혼자 나가지 못했다.

이웃 마을에서 작두 펌프를 사용해도 내가 사는 곳은 여전히 우물을 이용했다. 어느 날인가 나른한 오후 물동이를 이고 물을 길러 갔다. 우물을 뜨려다 뒤로 넘어가는 줄 알았다. 우물에 아이가 둥둥 떠 있었다. 동네 사람들을 부르고 한바탕 난리가 났다. 우물에서 아이를 건져 내 뱃속의 물을 빼냈다. 푸후, 아이의 입에서 물이 빠져나오는 걸 보며 얼마나 놀랐는지 모른다.

  우물가 가까운 곳에 살았던 아이는 혼자서 물을 뜨려고 했던 모양이다. 잘못하여 우물에 빠진 것이다. 지금이야 아이 혼자 우물가에서 논다고 하면 큰일 날 일이지만, 예전에 아이들은 그렇게 놀면서도 잘 자랐다. 다행히 그 아이는 별 탈 없이 살아 주었다. 지금은 결혼해서 두 아이를 키우며 잘 산다는 소식을 들었다.

  유년의 기억은 끄집어내어도 끝이 없다. 물동이를 이고 우물가를 맴돌았던 세대는 이제 저물어 가고 있다. 물동이의 무게를 머리에 이는 일처럼 돌이켜 보면 사는 일이 고단했다. 아무리 아닌 척해도 유년을 끄집어내면 찌들고 험난한 기억이 많다. 그때는 다 그렇게 살았다고 해도 괜찮지 않았다.

  여동생들은 나보다 키가 크다. 사람들이 내 키를 물으면 '아담한 사이즈'라고 말한다. 하지만 돌아서서 한마디 덧붙이는 것을 잊지 않는다. 내가 이렇게 작은 건 물동이를 이고 다녀 그 무게에 눌린 것이라고 말도 안 되는 변명을 늘어놓는다.

  사람이 죽고 빠져나가는 영혼의 무게가 21g이라고 한다. 물동이를 머리에 이고 살아온 삶의 무게는 무엇으로도 표현

할 길이 없다. 내 영혼의 무게가 얼마쯤일지 모르는 것처럼 물동이의 무게도 모른다. 그렇지만 지난날을 돌아보니 물동이의 무게, 그것은 정겨움이고 그리움이다.

도서관, 조우

 오랫동안 냉담했던 도서관을 찾았다. 옛 연인과 재회한 것처럼 심장이 찌릿했다. 문득 오늘 새벽에 꾼 꿈이 생각났다.
 꿈속의 상대가 누군지 잘 기억나지 않지만, 아는 사람처럼 느껴졌다. 죽도록 티격태격 싸우다가 헤어지면서 키스를 했다. 아침에 일어나자 꿈속의 그가 누군지는 떠오르지 않고 상황만 기억났다. 청춘도 아니고 나이가 몇인데 흉측하게 이상스러운 꿈을 꾼 건지 민망하기까지 했다. 그래도 누군지 기억하지 못하니 얼마나 다행인가? 얼굴이 생각난다면 그것처럼 민망한 일도 없을 터.
 꿈의 의미가 궁금하여 급하게 핸드폰을 열었다. 꿈을 해몽해 놓은 자료를 검색했다. 어렴풋한 기억을 더듬어 보아도 적당히 맞아떨어지는 내용은 없었다. 유난히 일어나기 싫은 몸을 일으켜 나갈 준비를 했다. 헛꿈이라 생각하며 온종일 아무 일 없이 지나가기를 바랐다.
 창밖에는 추적추적 비가 내렸다. 오랜만에 내리는 비였다. 아직은 봄비다. 이 비는 농사에 때맞추어 내린 것 같다. 더불어 산천에도 도움을 주는 비다. 저 멀리 만연산에는 운무가 가득했지만, 연둣빛으로 찬란했다. 연두를 마주하니, 민망한 꿈속의 일도 개운하게 사라진 느낌이었다. 문득 색채와 관련된 의미가 궁금해졌다. 인터넷을 검색해도 내가 알고 싶은 내용은 나오지 않았다. 집에도 관련된 책이 없고 서점도 가까운 곳에 없으니 어떻게 할 것인지 궁금증에 몸이 달았다.

갑자기 도서관 생각이 났다. 그동안 문득문득 도서관이 그리웠다. 오늘은 기필코 가야겠다는 생각으로 냉담했던 도서관의 홈페이지에 접속했다. 책을 대출하려면 회원 가입을 하고, 전화로 정회원 신청을 하라는 내용이었다. 순서대로 모바일 회원증을 발급받았다. 애증의 관계처럼 드나들던 도서관, 문득 오늘 새벽에 꾼 꿈이 도서관과의 조우를 말해 주는 게 아니었을까? 하는 생각이 스쳤다.

예전에는 도서관을 많이 이용했다. 해가 잘 드는 열람실에 앉아 주옥같은 글을 읽기도 하고, 화가들의 그림책을 보며 충만한 적이 있었다. 그것도 부족하면 대여해 오기도 했다. 갈 곳 없으면 도서관에 들러 몇 시간씩 보냈는데 여러 가지 이유를 핑계로 발길을 뚝 끊었었다.

냉담했던 시간만큼 도서관을 이용하는 방법이 바뀌어 있었다. 하루가 다르게 달라지는 것들 앞에 소심해지는 것은 어쩔 수가 없다. 읽고자 하는 책이 있는지 컴퓨터로 검색해서 책의 바코드를 확인하여 도우미의 도움을 받아 책을 찾아냈다. 대여기 앞에 책을 올려놓고 회원증을 찍어 대출을 누르니 대여 확인증이 나왔다.

식당이나 커피숍에서 메뉴를 검색하여 주문하듯 대여하는 방법도 날라졌나. 처음에 바뀐 시스템 앞에서 얼마나 불편해하며 투덜거렸던가. 나이 먹은 사람들은 어떻게 하라는 것인지, 모른 척 직원을 부르기도 했다. 빨리 적응하는 일이 쉽지는 않았다.

세상의 많은 것들이 기계화되고 있다. 고속 도로 통행료가 하이패스로 바뀌고, 직접 통행료를 기계에 넣어 정산했을 때 서툴러 당황한 적도 한두 번이 아니다. 어쩔 수 없이 시대에 발맞추어 가기 위해 하이패스를 설치했던 때가 생각났다. 많은 것들이 쉬이 변한다. 잠시 한눈을 팔면 세상은 그만큼 달라진다. 그렇다고 새로운 기기 앞에서 불편하다고 호소할 수만은 없다. 느리지만 내 속도에 맞춰 가야 한다.

색채와 관련된 책을 품에 안고 돌아오는 길, 많은 생각이 스쳐 지나간다. 지금이야 좋은 시절이라 알고 싶은 것이 있으면 핸드폰으로 검색하여 무엇이든 얻을 수 있다. 조금 더 깊이 알려면 전문적인 서적을 찾아야겠지만 웬만하면 금방 해결이 된다. 요즘은 전자책도 활성화되어 핸드폰 하나면 하루가 48시간이라고 해도 지루하지 않게 되었다.

종이의 질감을 느끼지 않고 눈으로만 읽는 전자책도 그것 나름대로 좋은 점이 있을 것이다. 그런데도 아직은 종이책을 선호한다. 종이책의 질감도 좋고 냄새도 좋다. 읽지 않고 곁에 쌓아만 두어도 허기가 지지 않는다. 그 수많은 종이 냄새가 나를 키웠다. 그 속의 작은 글귀를 읽을 생각을 하면 심장이 들렁들렁한다.

내 나이가 몇인데, 라고 좌절하지는 말자. 아직 뛸 가슴이 있다는 것은 행복하다. 아니 내가 살아 있다는 증거다. 살아갈 의욕이 없다면 도서관에 가라고 말해 주리라. 오랫동안 냉담했던 도서관은 말없이 품에 안아 주고 새로운 기술도 가르쳐 주었으니 무엇을 못 하겠는가. 도서관 하나 가졌으니 부러울 게 없다.

Part 4.

우아한 거짓말

 밤늦은 시간 〈우아한 거짓말〉*을 본다. 오래된 영화다. 가슴이 무너지고 숨쉬기가 어렵다. '이제 다시는 그러지 말기를, 이제는 너도 힘들어하지 말기를' 유언장에 나온 내용이다. 〈우아한 거짓말〉은 학교 폭력 관련 영화다. 이 밤이 새도 영화는 끝이 나지 않을 것처럼 가슴이 미어진다. 화면을 거꾸로 돌려 과거로 돌아간다면, 시간을 되돌릴 수 있다면, 모든 것을 제자리로 돌릴 수 있다면, 그 순간을 버릴 수만 있다면, 수많은 생각이 스친다.

 영화는 주인공 천지가 죽은 후 그 진실을 찾아 가는 과정을 그렸다. 소녀의 흔적을 찾아 나서면서 사건의 진실을 파헤쳐 가는 과정을 보고 있으려니 마음이 아프다. 도서관에서 발견된 유언장의 "지나고 나니 아무것도 아니지. 고마워, 잘 견뎌 줘서."라는 마지막 말에 목이 멘다. 영화를 보면서

---

* 이한(감독), 이숙연(극본), 〈우아한 거짓말〉(2014), 김려령 소설 원작

내 감정이 이입되어 우아한 거짓말에 격해진 탓이리라. 가족과 단절된 채 떠나 버린 천지의 아픔이 뼈아프게 오래도록 스며들어 이 밤을 온전히 지새울 것 같다.

천지가 조곤조곤 하는 말을 무심결에 흘려보내고 귀 기울이지 않은 결과는 가족들에게 영원히 지울 수 없는 상처로 남는다. 되돌려 생각해 보면, 천지는 학교생활의 힘듦에 관한 이야기를 했었는데 가족들은 일상에 지친 나머지 무관심했다. 무심코 흘려보낸 순간들이 가족에게는 가장 버리고 싶은 시간이었을 것이다.

천지의 유언장에서 "가끔은 네 입에서 나온 소리가 내 가슴에 너무 깊이 꽂혔어. 그래도 용서하고 갈게. 처음 본 네 웃음을 기억하니까."라는 내용에 몸서리쳐진다. 그만한 나이 때는 친구만큼 소중한 것은 없었을 테니까. 가슴에 깊이 꽂힌 말이 비수 같아도 처음 본 웃음 때문에 용서한다고 하다니, 천지에게 홀로인 세상이 얼마나 무서웠을지 짐작이 간다. 홀로인 것이 싫어서 은따 당하는 줄 뻔히 알면서도 어찌해 보지 못한 시간. 죽음을 되돌릴 수는 없지만, 가끔은 그때 그 시간 속으로 타임머신을 타고 갈 수 있다면 그런 선택을 하게 두지는 않았지 않았을까.

영화가 끝나 갈 무렵 "네가 아무리 근사한 떡을 쥐고 있어도, 그 떡에 관심 없는 사람한테는 별거 아냐. 그러니 우쭐대지 마. 웃기니까."라고 만지가 화연에게 한 말이다. 관심 없는 일, 아무것도 아닌 일이면 좋았을 텐데 천지가 보는 세상은 가장 힘들고 무서운 곳이었으리라. 단절이란 절망 때문에 세상과 작별을 한 천지, 비록 영화지만 심심한 위로를 보낸다. 흐릿하게 천지의 웃는 모습이 그려진다.

가족에게 가장 버리고 싶은 순간이 있다면 천지와 소통하지 못한 순간들이었으리라. 뼈저린 아픔 때문에 굳어 버린 슬픔을 간직한 채로 절망스럽게 살아가는 장면들이 스친다. 영화의 후반부에는 만지가 천지와 잠깐 조우한다. 버스에서 조는 사이에 일어난 일이었다. 영화는 또 다른 아픔을 만들지 않기 위해 화연을 감싸안으며 웃음과 슬픔이 공존하는 가운데 마무리된다.

영화는 학교 폭력을 주제로 한 내용을 다룬다. 하지만 살면서 우아한 거짓말로 누군가의 가슴에 비수를 꽂은 적이 없는지 되돌아보게 한다. 사람의 말 한마디가 우리를 살리기도 하고 죽이기도 한다. 우아한 거짓말이 아닌 진실한 말 한마디가 필요한 세상이다.

정호승 시인은 〈수선화에게〉란 시에서 "살아간다는 것은 외로움을 견디는 일"[*]이라고 말한다. 홀로 외로움을 견디는

---

* 　정호승《외로우니까 사람이다》(1998), 열림원

일이 괜찮을 수는 없다. 인간은 세계와 단절되는 아픔을 이겨 내기 위해 맹목적 가치를 버리지 못하고 집착하게 되는지도 모른다. "강을 건너면 뗏목을 버려라."라고 한 《금강경》의 가르침을 진정으로 이해할 수 있다면 집착에서 벗어날 수 있으련만 세월이 흘러도 제자리걸음이다.

살아오면서 가장 버리고 싶은 순간이 언제였을까, 되돌릴 수 있다면 무엇을 되돌릴까 생각하는 시간이기도 했다. 속세에 살기에 순간순간 많은 것들에 집착했다. 버리지 못한 것들을 가슴에 품고 살았다. 나를 놓고 싶은 순간들이 있었다. 내가 누군지도 잘 모르면서 남에게 보이기 위한 나를 위해 아등바등 살았는지도 모르겠다.

오늘은 다 괜찮다고 말해 주고 싶다. '지나고 나니 아무것도 아니지. 고마워 잘 견뎌 줘서.'라고 영화에서 나온 유언을 인용해 나에게 말을 걸어 본다. 버리고 싶은 순간들도 부정할 수 없는 나였음을 알기에, 내일 또다시 우아한 거짓말에 속아 넘어가도 오늘은 괜찮다.

할 줄 몰라서였네

 얼마 전에 종영된 〈엉클〉*이라는 착한 드라마가 있다. 그 드라마에서 황우슬혜가 전혜진에게 한 말이 있는데 내게는 충격적으로 다가왔다. 힘들고 어렵게 살아온 전혜진의 이야기를 듣고 황우슬혜가 "의지할 곳이 없어서 성격이 그랬구나!"라고 했다. 이어 "힘들고 어려운 일이 많은데도 어떻게 참고 사나 했는데 할 줄 몰라서였네! 안 해 보고 커서."라는 내용이다.

 그동안 막장식의 드라마에 지쳤는데 〈엉클〉이란 드라마는 신선함 그 자체였다. 고단한 인생을 살아온 사람들은 힘들어도 힘든 줄 모른다. 길이 들기 때문이다. 힘들다고 엄살을 부려 본 적이 없기에 그냥 견디면 되는 줄 안다.

 엉클은 부모님을 일찍 여의고 누나의 뒷바라지로 가수가 된다. 누나는 어찌하여 결혼을 했는데 하필 시어머니가 졸부다. 그 시어머니에게 폭행을 당하면서 어렵게 이혼을 하

---

* 지영수, 성도준(연출), 박지숙(극본), 〈엉클〉(2021), TV조선

고 빈틸터리로 집을 나왔다. 그 후 혼자 아들을 키우기 힘든 상황에서 남동생이 집으로 들어오고, 삼촌과 조카의 좌충우돌로 드라마는 시작된다.

모든 드라마가 그렇듯이 선과 악에 선 사람들의 모습들을 그리고 있다. 악의 축에 선 사람들도 결국은 선량한 사람이 되어 가는 깨달음을 주는 착한 드라마다. 그 드라마를 보기 위해 다른 모든 일을 제쳐 두고 주인공으로 나오는 오정세와 이경훈을 바라보았다.

최악의 어려운 상황에서도 삼촌과 조카는 결국 견디어 낸다. 해피 엔딩으로 드라마가 끝이 날 때 세상의 모든 낙이 사라진 것처럼 허전했다. 그 후에도 드라마 OST 이경훈의 〈내 곁에 있어 줘요〉를 들으면서 엉클에 매료된 시간을 보냈다. 노래는 "할 줄 아는 게 없는 허수아비, 큰소리만 치는 겁쟁이"로 시작해서 "내 곁에 있어 줘요. 내 편이 돼 줘요. 내 친구잖아요."로 끝이 난다.

사람은 혼자 살아갈 수 없는 존재다. 어려운 고비를 이겨 낼 때마다 주위에 가까운 이들이 힘이 되어 준다는 것을 알 수 있다. 키다리 아저씨 역할을 해 주는 사람은 꼭 존재한다. 또한, 가족이란 가까이에 있는 가장 소중한 조력자다. 가족이 있어 좌절 앞에서도 어려움을 딛고 일어서는 것이다.

물론 가족이란 울타리를 만들기까지 전혜진의 고달픔이

있었다. 어릴 때부터 학교 끝나면 아르바이트에 어린 동생 챙기면서 쉼 없이 살아왔다. 소중한 가족을 온전히 갖기까지는 견디고 이겨 내는 수고스러운 세월 덕분이었다. 그 시간을 살아 내느라 전혜진은 투정 부릴 상대 하나 없이 오롯이 혼자서 묵묵히 견뎌 냈다. 힘들다고 말조차 할 수 없는 삶을 살아 냈다.

힘들다는 말을 못 하는 사람, 고난을 온전히 견뎌 낸 그녀를 응원하면서 내 세월을 돌아보게 되었다. '나 때는 말이야'로 시작되는 이야기는 하지도 말라고 했는데 그 시절을 빼놓고는 어쩌면 지금의 사회를 온전히 말할 수 없다. 징검다리에서 다리 하나가 없으면 물에 빠지는 것처럼 세월을 거슬러 올라가 나 때의 이야기를 통과해야 오늘이란 시간이 존재한다.

그때는 모두 그랬다. 어린 시절, 전깃불이 들어오지 않는 시골에서 살았다. 호롱불을 켜야 했고, 야산에 올라가 나뭇가지를 모아 불을 지펴 밥을 짓고, 하루하루를 살아 냈다. 보릿고개를 견뎌 내며 배고프다는 어린 동생들과 싸우면서 보냈다. 부모님은 밭과 들로 나가시고, 부엌일은 초등학생인 내 몫이었다. 당연히 그래야 하는 줄 알았다. 요즘 같으면 아동학대로 신고가 들어갔을지도 모를 일이다.

중학교를 졸업하고 야간 고등학교라도 갈 수 있다는 부푼 가슴을 안고 산업체로 떠난 친구들도 있었다. 그러니 투정할 수도 없었다. 모두 힘들었기 때문이다. 부모님께 고분고분한 아이로 자랐다. 특별히 무엇을 잘하는 것은 아니었지만 남들 보기에 그냥 그렇게 순하게 살았던 것 같다.

그래시일까. 횡우슬혜의 "근데 할 줄 몰라서였네! 안 해 보고 커서."라는 그 말이 가슴에 들어앉아 쿡 박혔다. 안 해 보고 살았다. 내 나이에 어울리지 않게 살아서 표현에 서툴고 낯을 가리는 일이 많았던 건 아닐까. 그런 생각이 들었다. 기죽지 않고 살았다면 조금은 달라졌을까.

그때는 버스도 다니지 않는 시골길을 홀로 걸어 다녔다. 어둑해지는 해 질 녘, 묘지가 있는 산모퉁이를 돌아 집으로 가는 길은 또 얼마나 무서웠던가. 어찌 보면 무던하게 사는 일이 잘 사는 일이라고 생각했는지도 모르겠다. 멀리 돌아나 때를 기억해 보는 일은 이제는 흑백 영화의 한 장면처럼 너무 오래된 일이다. 그러나 깊은 우물에 두레박을 던져 물을 긷는 일처럼 아득해져도 흐려지지 않고 더욱더 선명하게 떠오를 것이다.

할 줄 몰라서 하지 못한 일, 이제라도 하면서 살 수 있을까. 가끔은 무기력해지는 순간순간 털고 일어설 힘이 되지 않을까. 할 줄 아는 게 아무것도 없지만, 이제는 털고 일어서서 가벼워지리라. 가벼워져서 새처럼 멀리 날아 보리라.

재미의 발견

 누구나 재미있게 살기를 소망한다. 그날이 그날 같은 지루하고 지친 날이 반복된다면 재미없는 것은 당연하다. 무엇인가 변화를 주어야 삶이 다채롭다. 그 변화는 우연히 생길 수도 있지만 때로는 적극적으로 찾아내야 가능하다.

 어떤 일을 해야 한다는 부담감은 스트레스로 작용할 수도 있다. 하지만 끝났을 때의 홀가분함은 작은 변화로 다가온다. 그게 재미있을 수 있다면 더없이 좋은 변화라고 생각한다. 그렇게 찾아 나선 게 김승일 작가의 《재미의 발견》이란 책이다.

 책을 읽으면 내용에 대해 생각하고 내 삶에 적용해 본다. 하지만 읽는 행위가 읽는 것으로 끝난다면 의도적으로 나를 채찍질하는 일도 나쁘지는 않다고 생각한다. 그렇게 《재미의 발견》은 내게로 왔다. 내가 좋아하는 "봄이 벚나무와 하는 것과 같은 걸 너와 함께하기를"이란 '파블로 네루다'의 시 한 구절처럼 재미를 발견할 수 있다면 더할 나위 없이 좋으리라.

《재미의 발견》은 4부로 구성되어 있다. 1부에서는 당신이 몰랐던 '재미'에 대해 "재미는 당혹하고 집중하게 한다."라고 정의한다. 뜨는 콘텐츠에는 공식이 있는데 그것이 재미가 담겨 있기 때문이라고 한다. 그 재미가 무엇인지 궁금하여 책을 읽기 시작했다.

작가는 재미있는 콘텐츠에는 특이(特異), 전의(轉意), 격변(激變)이 있단다. 설마 하면서 빠져들었다. 특이(特異)는 보통 것이나 보통 상태에 비하여 두드러지게 다른 것이고, 전의(轉意)는 생각이나 의미가 바뀜이며, 격변(激變)은 상황 따위가 갑자기 심하게 변한 것이라고 말한다. 재미에 있어서 특·전·격은 가장 핵심적인 요소임을 강조한다.

심리학자는 우리의 의식을 현재 의식과 잠재의식으로 나눌 수 있다고 한다. 꼬치꼬치 따지고 계산하고 머리를 굴리고, 비판적으로 생각하는 현재 의식과 정서, 충동, 본능을 주관하는 잠재의식이다. 현재 의식이 특·전·격에 의해 백지 상태가 되면 잠재의식은 특·전·격을 만들어 낸 대상에 당황하고 집중하게 되는 과학적인 원리가 숨어 있다는 논리를 전개한다.

2부에서는 재미의 시작인 특이, 전의, 격변, 특·전·격의 마지막 효과인 스트레스 파괴, 갈등의 시작을 다양한 사례를 통해 보여 준다. 삶에서든 콘텐츠에서든 '보통'에서 벗어날

수록 당혹하고 집중하게 된다는 것이다.

불구경과 싸움 구경이 제일 재미있는 이유도 일상에서 좀처럼 일어나지 않는 일이므로 현재 의식은 잠시 날아가고 잠재의식만 남아 그것에 당혹하며 집중하기 때문이라고 한다. 당혹과 집중이 바로 재미의 뿌리라고 한다. 대부분의 예능 프로그램이 경쟁, 도발, 추격, 대결이란 다른 이름으로 싸움을 붙이고, 시청자들은 싸움을 구경하며 당혹하고 집중하는 재미를 찾는다는 것이다. 더불어 우리가 즐겨 보는 스포츠인 격투기, 축구나 야구, 농구, 아이스하키, 미식축구 등도 싸움 구경의 다른 언어임을 인지시키고 있다.

작가는 시를 '전의(轉意)'라고 말한다. 의미의 변화를 만드는 은유, 즉 인간 세계에 대한 강력한 메타포, 강렬한 전의 역시 당혹과 집중을 일으키는 것이라고 한다. 고정 관념을 깨는 것 역시 전의가 일어나는 것의 하나다. 하지만 작가는 재미를 주고자 한 어떤 행위가 단 한 사람에게라도 고통을 준다면 윤리적으로 옳지 않음을 강조한다. 특·전·격이 일어난다고 해도 불쾌한 감정을 유발한다면 재미있는 콘텐츠는 아니라고 말하고 있다.

격변에 대한 예시로는 드라마를 보게 하는 힘이나, 넷플릭스를 몰아 보는 이유나 성공하거나 인기를 잃은 영화 등의 사례를 말한다. 등장인물이 처한 상황 따위가 급격하게 변화하는 것은 특·전·격의 증폭제인 불안정성이나 격변의 폭 변화를 통해 클리셰가 깨지면서 당혹하고 집중하게 되어 재미를 발견하게 된다는 것이다.

특·전·격의 마지막 효과로는 당혹과 집중만이 아니라 스트레스 해소에 관한 것이다. 뇌 과학자인 마지스 리이클 교수는 무언가에 집중하면 과열된 뇌에 쉬는 효과를 주어 스트레스가 풀린다고 한다. 그리고 민족 대명절 설로 인한 격변은 언제 끝날지 모르는 불확실성이 인간 갈등의 요인이라고 말하고 있다.

3부에서는 재미의 완성은 무조건 통하는 콘텐츠 제작법과 재미의 황금 비율을 통해서 찾을 수 있다고 하며, 그 사례들을 들고 있다. 기획 의도에 특·전·격을 찾고 실패하지 않는 콘텐츠 기획법 등 특·전·격을 통한 당혹감과 집중, 갈등을 파생할 수 있는 장치가 필요한 콘텐츠의 공식에 관해 설명하고 있다.

특·전·격의 황금비를 찾기 위해서 어떻게 반응하는지 관찰하고 무엇 때문에 그렇게 반응하는지 소개한다. 시청자로부터 웃음 짓기를 유도하려면 웃음소리를, 눈물을 유도하려면 우는 소리와 슬픈 배경음을 깔아 주는 것처럼 특별한 감정을 만들어 내는 공통점을 찾아내 보여 주고 있다. 귀여움, 공포, 그로테스크, 색다른 관점과 색다른 조합을 창조해 내는 능력인 창의력, 피카소와 브라크의 입체주의 혁명, 특·전·격에 관한 이야기가 나온다.

4부에서는 재미의 증폭에 대한 요소들을 소개하고 있다. 특·전·격이 더욱 큰 당혹과 집중을 일으킬 수 있게 돕는 특·전·격의 증폭제라고 할 수 있는 것이다. 그것은 연관성, 공감, 불안정성, 결핍으로 나눈다.

류현진의 경기에 가슴이 뛰는 이유는 시청자와 콘텐츠 사이에 연결된 보이지 않는 실인 연관성 때문이라고 한다. 콘텐츠를 기획할 때 이 연관성을 고려해야 효과가 크다. 공감은 타인의 상황과 기분을 느끼는 것이다. 눈높이를 맞추어야 하고, 가장 밑바닥에서, 가장 쉽게 이야기함으로써 타인은 마음의 문을 연다는 것이다. 불안정성은 충격적인 변화가 일어날지도 모른다는 예감이 조성된 상태에서 당혹감과 집중이 일어날 수 있고 특·전·격을 통해 증폭된다는 이야기다.

마지막으로 뇌 과학자들은 인간의 뇌가 결핍된 무언가에 집중한다고 한다. 외로움에 대한 결핍, 가치의 추구로 인한 결핍, 여성과 소수자에 대한 존중, 가장 큰 결핍인 위로에 대해 말하고 있다.

작가는 '지금은 콘텐츠 시대이다. 재미는 그 어느 때보다도 경쟁력이 있고, 특·전·격과 그 증폭제를 만드는 힘은 그 어느 때보다 가치 있는 일'이라고 마무리한다.

《재미의 발견》을 통해 뜨는 콘텐츠의 공식을 재미있게 읽었다. 조금은 의무감 때문에 모든 일을 제쳐 두고 읽었다. 정확히는 재미를 발견하고 싶었다. 그날이 그날 같은 상황에서 빠져나와 또 다른 무엇을 찾기 위해서였다.

사람들은 세상의 모든 것들에 특·전·격의 의미를 부여하면서 살지는 않는다. 하지만 재미의 발견을 증폭하기 위해 연관성을 찾아 공감하고, 불안정성과 결핍을 찾아 당혹하고 집중하면서 사는 것도 나쁘지는 않을 것 같다. 오랜만에 쉽게 잘 쓴 재미를 발견했음을 시인한다.

일장춘몽, 참회

〈재벌집 막내아들〉* 드라마가 종료되었다. 시청률이 높았고 입소문 때문에 드라마 내용이 궁금했다. 제대로 시청을 하지는 못했으나 줄거리와 흐름은 대충 파악하고 있었다. 그러다 최종회가 궁금했다. 물론 결말이란 추측 가능하기도 하지만 추측이 빗나가기도 한다.

드라마는 윤현우가 운전하고 가면서 "빙의도 시간 여행도 아니다. 그건 참회였다. 진도준에 대한 참회, 나 윤현우에 대한 참회."라고 하면서 끝이 난다. 친절하지 못한 종영이었다. 삶이 그렇게 친절하지 못한 것처럼 시청자들이 원하는 결말은 아니었기에 드라마가 끝이 나고 원성이 자자했다.

드라마의 끝을 보면서 서포 김만중이 집필한 《구운몽》이란 소설이 생각나는 것은 왜일까? 주인공 성진은 현실에서 이루지 못한 일을 꿈에서 이루지만 꿈에서 깨어나 돌아보니 일장춘몽이었다는 깨달음을 얻게 된다. 이 드라마도 소설과

---

* 정대윤(연출), 김태희(극본), 〈재벌집 막내아들〉(2022), JTBC

크게 다르지 않다. 〈재벌집 막내아들〉 드라마는 결국 우리에게 꿈을 보여 주고 마지막에 '참회'라는 깨달음을 주고 있다.

현실이나 과거나 '삶이란 일장춘몽'이라고 말해 주는 것 같다. 끝없는 고통도 기쁨도 지나고 나면 일장춘몽이라니, 얼마나 허망한 일인가. 하지만 우리는 일장춘몽을 위해 달려야 하고 알면서도 그렇게 살고 있는지도 모른다. 끊임없이 되풀이되는 삶이지만 선대가 살았던 삶을 대물림하면서 참회를 하지 못할 수도 있다.

유튜브 동영상을 보는데 기도를 어떻게 하면 효험이 있느냐는 질문에 답하는 내용이 있었다. 누구나 기도를 했을 때 기도가 이루어진다면 얼마나 좋겠는가? 궁금해서 시청하게 되었다. 그 스님은 "오늘 하루 무엇을 잘못했는지 무엇 때문에 마음이 불편한지 자기 잘못에 대해 참회하고, 부처님께 축원을 드린 다음에 내가 원하는 소원을 기도하고 명상에 들어 보라."라는 이야기를 하고 있었다. 바른 기도를 하면 고민거리에 대한 돌파구나 지혜가 생겨 소원이 이루어질 것이라는 내용이었다.

나를 돌아보게 되었다. 그동안 살면서 내가 원하는 소원만을 말하면서 기도를 했던 무수한 시간이 있었다. 내가 살아온 삶에 대한 참회를 위해 기도해 본 적이 얼마나 있었던가, 참회하지 못한 삶들은 내 소원들을 덮어씌워 하나도 이루지 못하도록 막았던 것일까 되묻게 되었다. 적절한 이유를 내

세워 순간을 모면했던 날들이 있었다.

 지난해 유독 많은 일을 겪었다. 그동안 참회하지 못한 시간이 한꺼번에 몰려와 벼락과 번개를 쳤다. 참회 수행을 하지 않은 결과였을까. 생각들이 꼬리를 물고 들어앉았다. 알면서도 묻어 둔 일들이 터져 나왔다. 고난은 한꺼번에 몰려온다는 말이 이해가 되었다. 허망했다. 생각지도 못한 일들이 일어나고야 '참회'라는 말이 번개처럼 다가왔다.

 삶이란 '일장춘몽'이라고 수없이 들었지만, 일장춘몽을 향해 달려가는 삶 앞에 참회란 없었다. 잘 살지 못한 결과물이었다. 누구를 탓할 수도 없는 오로지 나 자신으로 인해 일어난 일이었다. 지혜롭지 못한 선택이었다. 어떻게 살아야 할 것인가. 처음부터 알고 살았다면 달라졌을까. 아무리 알려 주어도 깨닫지 못하면 같은 결과물이 나왔을 것이다. 과오에 대한 참회가 필요한 이유이리라.

 무엇이 되어야 하는 삶, 무엇인가를 해야 하는 삶, 누군가에게 보여 주어야 하는 삶, 눈에 보이는 것이 전부가 아닌 삶에 대해 간절하게 피눈물을 흘리며 말했던 너에 대해 생각한다. 무엇이라고 말해 주지 못했지만 응원할 수도 없는 마음이었다. 보리심의 길이 만만치 않음을 안다. 네가 하려는 일이 너를 살게 하는 힘이라고, 너를 행복하게 하는 힘이라고 하지만 살아가면서 깨닫게 될 것을 믿는다. 그 길이 편안하지 않다면 결코 행복할 수 없는 길이라는 것을 알기 때문이다.

  무엇을 하든 너를 응원한다. 하지만 그 일을 하기 전에 네 몸과 정신이 건강하고 지혜로워져야 할 것이다. 삶은 고난의 연속이다. 수없이 일장춘몽을 겪어야 하는 좌절이 올 것이다. 그때마다 자신을 돌아보면서 참회해야 할 것이다. 아무나 할 수 없는 일이다. 순수한 마음으로 한 일이 때론 상대에게 상처와 모욕감을 줄 수도 있다. 그 중도를 잘 지킬 수 있어야 한다. 너의 일을 응원하지만 침묵하지 못하는 이유다. 진심으로 미안하다.

  삶이란 자신이 원하는 대로 흘러가지 않는다. 때론 가뭄이 들어 물이 흐르지 않을 때도 있고, 장마가 와서 넘칠 때도 있다. 더불어 같이 살아가는 일이 쉬운 일이라면 모두가 실천했을 것이다. 일상생활에서 대승의 삶을 추구하는 일은 어렵고도 험난하다.

  겨울이 가면 봄이 오듯이 네 인생이 늘 봄날이길 기도하는 것은 욕심임을 안다. 봄이 가고 여름이 오고, 가을이 가고 다시 겨울이 오는 순환의 과정이 있듯이 그런 날들이 모여 삶이 된다. 지금까지 살아온 내 삶에 대해 진심으로 참회하면서 혹독한 겨울을 보내고 있는 너의 길을 응원한다. 이 겨울이 가면 눈 속에서도 피어나는 매화처럼 향기로운 날들로 채워질 것을 기도한다.

어른의 길이 멀다

 화순 고인돌공원에서 어린 왕자를 만났다. 반가워 한달음에 달려가 카메라에 담았다. 어린 왕자는 "네가 오후 4시에 온다면 나는 3시부터 행복해질 거야."라는 문구와 함께였다. 식상하지만 소리 내어 읽어 보면 애틋하게 다가온다. 어린 왕자 책을 읽으면서 자기 별에는 잘 도착했는지 장미는 잘 있는지, 늘 궁금했었다. 이곳에서 만난 어린 왕자는 한껏 멋들어진 포즈를 취하고 있다.

 돌아오는 길, 어린 왕자를 다시 음미해 본다. 여우가 어린 왕자에게 설명해 준 '길들인다'라는 말은 지구에 사는 사람들이라면 되새기게 되는 의미이다. 우리는 수많은 것들과의 관계 속에 살면서 길들이고 길들며 살아간다. 사람이 될 수도 있고, 반려동물, 반려 식물이 될 수도 있다. 길드는 건 애착을 갖게 되는 일이기도 하다. 어린 왕자에겐 그 대상이 장미였다.

 "너는 아무 말도 하지 말고 그대로 있어. 말은 수많은 오해의 원인이 되거든." 길듦에 대한 문구이다. 또한, 무슨 일을 할 때도 의식이 필요하다는 것을 어린 왕자는 배우게 된다. 너무 거창한 의식은 삶을 피곤하게 하지만, 소소한 의식들은 삶의 활력이 될 수 있음이리라. "너희 모두보다 내 꽃 하나가 내게는 더 소중해."라며 자기가 두고 온 장미가 세상에 단 하나뿐인 것을 깨닫게 되는 과정도 새삼스럽게 다가온다.

우리 인간은 나약한 존재인지도 모른다. 누군가가 꼭 집어서 말해 주지 않으면 깨닫지 못하는 것처럼 상대방의 마음과 처지를 이해하면서도 겉으로는 인정하지 않으려고 할 때가 있다. 특히 타인과의 관계보다는 가족이나 지인들과의 관계에서 그런 경우가 더 많다. 속내를 들키고 싶지 않은 변명 같은 것일 수도 있다. 어린 왕자에 나오는 장미 역시 작가의 부인 콘수엘로가 모델이라고 한다.

어린 왕자를 보내며 여우는 "정말 중요한 것은 눈에 보이지 않아.", "네 장미가 너에게 그토록 중요한 것은 네가 장미에 들인 시간 때문이야."라고 말한다. 이 문구를 읽으면서 독자들은 작가 생텍쥐페리를 기억 속에 저장했을 것이다. "나는 내 장미를 책임져야 해."라고 웅얼거리는 어린 왕자 때문에 작가에 대한 신뢰가 생겼을지 모른다.

코끼리를 통째로 삼키고 나서 소화하는 보아뱀의 그림은 눈에 보이지 않는 것이라 사람들은 모자라고 한다. "이건 상자야. 네가 원하는 양은 이 안에 있어."라는 글 역시 양은 눈에 보이지 않지만, 상자 안에 있어서 마음으로 보아야만 볼 수 있다는 걸 말한다. 눈에 보이는 것만을 추구하는 사람들에게 깊은 의미를 던져 주고 있다. 눈에 보이지 않는 것들도 책임져야 함이다.

생텍쥐페리는 어린 왕자의 삽화를 직접 그렸으며, 그림과 건축에도 관심이 많았다고 한다. 군대에서 비행기 정비 업무를 하면서 조종사 자격증을 취득했다. 군인으로 남고 싶었지만, 약혼녀의 반대로 전역하게 되었다. 생계를 위해 민간 항공회사에 취업해 리비아 사막에 추락한 적도 있었다. 《어린 왕자》는 비행 도중 사하라 사막에서 불시착했다가 기적적으로 살아난 것을 바탕으로 썼다고 한다. 그는 1944년 2차 세계대전 군용기 조종사로 전쟁에 나가 임무 수행 중 애석하게도 행방불명이 되었다. 비행사라는 직업을 가졌기에 《어린 왕자》라는 대작을 남기게 되었으며, 그와 관련된 경험들을 작품으로 썼다.

《어린 왕자》는 '레옹 베르트에게'라는 글처럼 어른에게 바치는 어른의 동화다. 이 세상에서 가장 좋은 친구는 어른이고, 어른들은 모든 것을 이해할 것이라고 한다. 어른들도 모두 처음에는 어린이였다고 하지만 나이를 먹는다고 모두가 어른이 되는 건 아니다. 여우의 가르침으로 어린 왕자가 깨달아 가는 것처럼 살아가는 경험을 통해 조금씩 느리게 어른이 되는 것 같다.

노르웨이의 화가 '에드바르 뭉크'의 작품을 보면 인간의 불안, 공포, 죽음 등 심리적 주제를 다룬 그림들이 다수 있다. 그의 작품 〈절규〉는 괴기스럽기까지 하다. 인간은 살면서 수많은 일을 겪게 된다. 생텍쥐페리가 비행사였기에 《어린 왕자》라는 작품이 존재하게 된 것처럼 뭉크의 가정사는 〈생의 프리즈〉라는 작품을 남길 수밖에 없었다고 이해할 수 있다.

뭉크가 다섯 살 때 어머니가 결핵으로 사망했고, 열네 살 누나도 같은 병으로 죽었다. 아버지도 우울증으로 생을 달리했으며, 여동생도 우울증에 시달렸다. 남동생은 정신병으로 사망했다. 어린 시절에 겪은 고통스러운 불안 심리 상태를 그림으로 녹여 냈다고 볼 수 있다.

뭉크의 〈절규〉에 나오는 무서운 붉은 하늘은 1883년 인도네시아의 크라카타우섬에서 발생한 화산폭발과 관련된 것이라고 한다. 실제로 보게 된 하늘의 상황을 메모와 함께 스케치해 두었다가 10년 후 1893년에 작품이 되어 세상에 나오게 되었다. 작가 내면의 절규라기보다 대자연의 절규를 보고 경악한 모습이라고 한다.

인간의 삶이란 주변 환경의 변화에 따라 달라진다. 세상에 던져지는 작품은 감상하는 자의 몫이다. 그의 내면에 잠재

된 심리 상태를 작품으로 녹여 냈기에 지금의 뭉크가 있을 것이다. 글이든 그림이든 작가가 살아온 환경에 의해 좌우된다. 나이를 먹으면 어른이 되기도 하지만 나이만 먹고 어른이 되지 못하는 일도 이와 다르지 않을 것이다.

  자신이 한 일에 대해 책임지는 어른의 길이 아직은 멀다. 어른이라면 눈에 보이지 않는 것도 볼 수 있는 심안이 필요하리라. 이 세상의 모든 것들은 다 소중하다. 우리가 깨닫지 못했을 뿐이다. 삶의 가치와 의미를 깨닫는 어른이 되는 길을 바라는 것이 어린 왕자의 진정한 마음이었으리라.

〈대행사〉를 보며

　우연히 이보영이 나오는 드라마 〈대행사〉*를 보게 되었다. 주인공 이보영이 살아가는 방식이 안타까워서 빠져들었다. 야간 진료를 하는 병원에 들러 졸피뎀을 처방받고, 집으로 돌아와 소주를 안주 없이 먹는 여자. 냉장고에는 소주병과 소시지 종류의 안주만 있었다. 향정신성의약품이 종류별로 있고 핸드백에도 그런 약품을 넣고 다니는 여자다. 졸피뎀을 처방해 주면서 술과 함께 먹으면 안 된다고 의사는 말했다. 하지만 안주 없는 소주를 먹고 나서 약을 먹은 뒤 잠이 든 줄 알았는데 그녀는 밤을 새워 일한다.

　어렵게 임원으로 승진하게 되었으나 일 년짜리 얼굴마담이라는 사실을 알았을 때 울부짖다 사람답게 살고 싶어서 버린 향정신의약품을 찾아 쓰레기통을 뒤지는 여자이다. 하지만 그녀는 좌절하지 않고 다시 일어서기 위한 계획을 세운다.

---

*　이창민(연출), 송수한(극본), 〈대행사〉(2023), JTBC

앞으로 어떻게 전개될지 어떤 사람들의 도움을 받게 될지 드라마니까 대중이 원하는 방향으로 흘러갈 걸 안다. 이보영을 보면서 졸피뎀을 먹는 현대인들이 많아졌다는 사실을 새삼 느낀다. 이제는 드라마에서도 아무렇지 않게 졸피뎀과 향정신성의약품을 보여 준다.

나는 이 드라마의 성공 여부가 중요하지 않다. 주인공이 졸피뎀과 향정신성의약품을 어떻게 끊고 제대로 일어서는지 그런 것이 더 궁금하다. 아마 그 때문에 다음 회를 보게 될 것 같다.

이보영은 공채 최초이자 마지막으로 입사 시험을 보고 카피라이터로 입사했다. 입사 시험 문제가 소설을 쓴 작가의 의도와 문체, 내용을 100%에 맞춰 다음 문장을 작성하는 것이었다. 이보영은 시험이 끝나 가도록 단 한 줄도 쓰지 않고 있다가 시험이 끝날 무렵 답안지를 제출한다. 시험 감독관은 시험을 포기했느냐고 묻는다. "이 시험의 정답은 단 한 줄이면 충분한 것 아니냐."라고 말하는 이보영의 답이 걸작이다. 이보영이 쓴 정답은 "다음 주에 계속됩니다."였다.

어떤 것을 표현하는 데 있어서 단 한 줄로 쓸 수 있는 능력, 그것이면 충분하다는 것을 다시 한번 깨닫는다.

"좋아하는 일 말고 잘하는 일을 해야지."

"형용사, 부사 빼고 명사와 동사만으로 한 문장으로 말해 봐."

이런 대사를 들으며 글을 쓰는 일에 대해 다시 한번 생각한다. 계속 쓸 것인가. 말 것인가. 어떻게 쓸 것인가에 대해 늘 고민하며 방황하게 만든다. 다음은 약을 처방받는 속도가 빨라지는 이보영(고아인)에게 근본적인 문제를 해결하기 위해 용서하라는, 신수진(오수진)과의 대화 일부다.

"누굴 용서해? 일곱 살 때 버리고 간 그 여자를 용서하라고? 금방 온다고 기다리라 해 놓고 죽었는지 살았는지 연락 한 번 없는 그 여자를?"

"아니, 너 자신, 문 꽉 닫고 혼자 웅크리고 있는 네 안의 그 여자! … 마음 열면 다칠까 봐 꽁꽁 싸매고… 사람들한테 버림받고 잊힐까 봐 두려워서… 네 안의 그 여자 용서해! 그래야 여기서 벗어날 수 있어. 용서해! 너를 위해서!"

주인공의 유년은 뼛속까지 아프다. 자신을 버리고 간 엄마 때문에 지독한 트라우마와 고통에 시달린다. 때론 기억이 왜곡되기도 하겠지만 가족이 독이 된 경우다. 드라마 대사가 내 안으로 파고든다. 문 꽉 닫고 혼자 웅크리고 있지 말고 그 안에서 밖으로 나오라고 외쳐 본다. 주인공인지 나인지 너에게인지 모르겠지만 한 발자국만 걸어 나오면 밖이라고 속삭여 본다.

후에 자신을 버린 엄마가 35년 만에 아인 앞에 나타난다. 가족이란 이름에 갇히면 누구나 쉽게 벗어날 수가 없다. "엄마가 미안해."라는 대사는 주인공의 가슴과 시청자들의 가슴을 울렸을 것이다. 자식들에게 엄마는 늘 미안할 수밖에 없는 숙명을 가지고 태어난 존재다.

다시 되돌릴 수 없으니

〈내 남편과 결혼해줘〉라는 드라마가 있다. 절친과 남편의 불륜을 목격한 날, 주인공은 남편이 밀쳐서 유리 탁자에 머리를 부딪쳐 죽임을 당한다. 억울하게 죽는다고 생각하고, 눈을 떠 보니 10년 전으로 돌아가 있다. 거짓말처럼 인생을 다시 살게 되는 내용이다. 현실에서는 과거로 되돌아갈 수 없지만, 시청자를 사로잡기 위해 내용은 늘 그렇듯이 자극적이다. 드라마는 웹 소설이 원작이다.

인생을 다시 살 기회가 주어진다면 어떻게 할까? 주인공이 2회 차 인생을 살면서 어떻게 운명에서 벗어나기 위해 고군분투하는지를 본다. 다시는 이전의 생처럼 살지 않으려고 주인공은 그 전과는 다른 사람이 되려고 노력한다. 성격도, 일하는 태도도 바꾸는 등 운명에서 빠져나오려고 온 힘을 다한다. 주인공처럼 인생 2회 차를 사는 남자를 만나 서로 그 이전의 삶과 똑같은 상황으로 돌아가지 않기 위해 운명의 굴레에서 벗어나려고 힘을 합치게 된다.

드라마나 영화나 상상을 토대로 만들어진다. 살면서 그때로 돌아간다면 다른 선택을 하리라는 생각을 우리는 수없이 한다. 누구나 인생은 한 번만 사는 것이라서 영상을 뒤로 돌리듯이 돌려지지 않는다. 드라마라서 되돌리기를 통해 시청자들의 마음을 잡아채고 있다. 운명의 법칙에서 벗어나려면 절친과 불륜을 저지른 남편을 서로 결혼시켜야만 하는 상황이다.

내 삶을 되돌아보게 된다. 그때 그랬더라면 달라졌을까? 로베르트 프로스트의 〈가지 않은 길〉이란 시는 갈림길에서 가지 못했던 길에 관한 아쉬움을 표현한다. 드라마를 통해 시청자들도 선택하지 못한 삶을 되돌아보았으리라.

무엇을 결정하고 선택하든지 각자의 몫이고 책임을 질 수밖에 없다. 누구나 공평하게 한 번만 주어진 게 인생이다. 인생사 연습이라도 해 볼 수 있다면 좋으련만 소중한 시간을 다 보내고 나서야 그때 그랬더라면 하고 후회를 한다. 나이를 먹었다고 해서 다 어른이 되는 것은 아니다. 시간이 흐르면서 젊었을 때는 부족했던 판단력도 조금씩 자라난다. 나이를 먹으면서 삶의 경험을 통해 지혜도 얻게 된다.

살아온 인생을 돌이킬 수 없어서 다행이라는 생각이 들 때도 있다. 예능 프로그램에서 할머니들에게 그때 그 시절로 돌아갈 수 있다면 돌아갈 것이냐고 물었다. 그러자 지금이 좋다면서 이대로 살다가 처음 왔던 곳으로 돌아갈 것이라는 대답을 했다. 지금까지 살아온 삶, 추억이 깃들어 있기에 조금 부족해도 고단한 그 시절로 다시 돌아가고 싶지 않은 마음이리라.

다시 되돌릴 수 없으니, 주어진 시간 안에서 최선의 행복을 찾아야 하리라. 늘 처음이기에 어떤 일이 펼쳐질지 모르겠지만 하루하루가 소중하고 귀하다.

로미오와 줄리엣

 칼로 자결하는 장면이 나온다. 이제 불멸의 로맨스 영화가 끝나 가고 있다는 의미다. 이 영화는 1968년에 제작되었다. 오십 년이 넘는 세월의 시공간을 뛰어넘은 〈로미오와 줄리엣〉 영화를 다시 보게 되었다. 이 나이에 무슨 로맨스 영화냐고 물을지 모르지만 오랜만에 두 시간이 훌쩍 지나간지도 모르게 몰입했다.

 〈로미오와 줄리엣〉을 말하면 많은 사람이 올리비아 핫세를 떠올린다. 그녀를 이야기할 때도 줄리엣을 빼놓고 논할 수가 없다. 줄리엣이 어떻게 생겼는지 모르는 사람도 전 세계 남성을 매료시킨 올리비아 핫세를 먼저 생각할 것이다. 그녀가 줄리엣 역에서 얼마나 싱그럽고 탱글탱글한지, 일흔이 넘는 올리비아 핫세는 영화 속에서 고작 14살 생일을 앞두고 있다.

 로미오와 줄리엣은 그리스 신화 속에 나오는 피라모스와 티스베의 사랑이 모티브가 되어 만들어졌다는 설이 있다. 바빌로니아 미남, 미녀인 둘은 이웃에 살고 있었는데 양가 부모의 반대로 결혼을 할 수 없어서 벽을 두고 사랑을 나누게 된다. 무덤이라는 영묘 앞에서 만나기로 했는데 사자가 나타나자 티스베는 바위틈으로 숨게 된다. 하지만 사자의 발자국과 피 묻은 베일을 보고 피라모스는 티스베가 사자에게 죽임을 당했다고 생각하고 자신의 칼로 가슴을 찔러 자결한다. 티스베가 바위틈에서 나와 보니 피라모스가 죽어 있어 티스베 역시 그의 칼로 목숨을 끊고 한 무덤에 묻히게 되는 신화다.

〈로미오와 줄리엣〉은 작품성이 떨어진다고 하여 셰익스피어 작품 중에서 혹평을 받기도 했다. 비극적인 부분이 빠르게 교차하는 것을 두고 문학적 완성도 측면에서 비판을 면하지 못했다고는 하지만 로미오와 줄리엣으로부터 시작된 로맨스는 지금도 이어지고 있다. 사실 〈로미오와 줄리엣〉은 두 남녀의 로맨스이기는 하지만 더 깊이 들어가게 되면 두 집안이 원수지간이라는 원초적인 문제에 접해 있음을 알 수 있다. 주인공과 상관없이 집안의 해묵은 감정이 문제가 되어 결국 죽음에 이르게 된다.

로미오는 처음에 로잘린이란 아가씨를 사랑하고 있었다. 그녀를 보기 위해 무도회장에 갔음에도 불구하고 그곳에서 줄리엣을 보고 첫눈에 반하게 된다. 첫눈에 반해 사랑이 움직이는 것을 누가 막을 수 있겠는가. 로렌스 신부는 이 사실을 알고 있지만 캐퓰릿가와 몬테규가의 오래된 감정을 화해할 수 있는 계기가 되지 않을까 해서 로미오와 줄리엣의 비밀 결혼식을 추진한다.

그 후 줄리엣 사촌인 티볼트가 로미오 친구인 머큐쇼를 살해한다. 이로 인해 로미오는 티볼트와 결투를 하다 티볼트를 죽이고, 로미오는 다른 도시로 추방 명령이 떨어진다. 엎친 데 덮친 격으로 줄리엣의 아버지는 파리스 백작과 결혼할 것을 명령한다. 줄리엣은 로렌스 신부를 찾아가 방법을 강구한다. 신부의 도움으로 로미오가 추방되기 전에 줄리엣과 함께 마지막 밤을 보내게 된다.

로렌스 신부는 줄리엣이 가짜로 죽는 약을 먹고 묘지에 안치되면 로미오가 있는 곳으로 줄리엣을 보내 주겠다는 약조를 하고 그 내용을 편지에 써서 로미오에게 보낸다. 생각대로 일이 추진되었으면 좋으련만 운명의 장난으로 그 편지를 받기도 전에 줄리엣이 죽었다는 소식을 전해 들은 로미오는 묘지로 온다. 줄리엣이 죽은 것을 보고 너무 슬픈 나머지 로미오는 약을 먹고 자살하고 만다. 줄리엣이 깨어나서 로미오가 죽은 것을 목격한다. 줄리엣이 걱정되어 묘지에 온 로렌스 신부가 사람들이 몰려오기 전에 가자고 하지만 줄리엣은 로미오의 칼로 자결하고 만다.

두 가문의 불운으로 나이 어린 로미오와 줄리엣의 사랑이 산산조각이 난다. 영화를 보는 내 마음도 몰입되어 찰나의 순간 부서진다. 죽음 앞에 두 가문이 화해한들 죽은 이들이 돌아올 수는 없다.

'셰익스피어 인 러브'의 모임에서 윌리엄 셰익스피어가 쓴 〈햄릿〉을 읽다가 보니, 〈로미오와 줄리엣〉 영화까지 보게 된 것이다. 고전은 아무리 많은 시간이 흘러도 사람들이 열광하고 오래도록 회자된다. 셰익스피어의 저서를 혼자 읽으라고 하면 재미없고 지루하여 못 읽을 것인데 함께 읽으니 재미도 있고 귀에 쏙쏙 들어앉았다.

〈로미오와 줄리엣〉 영화를 별도로 구해서 보게 되었는데 느낌이 새롭다. 현시대의 관점에서 작품의 진부함에 대해 논할 수 있는 부분은 아니지만 그 나름대로 의미 있는 소중한 시간이었다. 원작과 영화는 내용이 상이하긴 하다. 물론 레오나르도 디카프리오가 주연을 한 1996년작 〈로미오와 줄리엣〉도 있다. 젊은 청춘의 비극적인 사랑의 대명사가 된 로미오와 줄리엣을 다시 책으로 읽으면 영화의 장면과 오버랩 되어 또 다른 맛이 날 것이다.

죽음과 맞바꾸어 태어난 〈로미오와 줄리엣〉 이야기를 굳이 현시대의 시각으로 논할 필요는 없을지도 모른다. 하지만 결혼을 하고, 패싸움에 휘말려 살인을 하여 추방 명령이 떨어지는 일련의 과정들이 보편적인 정서로는 이해될 수 없는 부분이다. 자극적이고 극단적인 이 영화에 세계가 매료되는 이유는 무엇일까. 어떤 사람들은 격정적인 사랑의 행동과 동반 자살을 혁명이라고 한다지만 줄리엣은 고작 14살 생일을 앞두고 있었다. 이성으로 절제되지 못한 로미오와 줄리엣이 고귀한 사랑의 대명사로 포장되기에는 너무 어렸음을 부정할 수는 없을 것이다.

극단적인 죽음과 맞바꾼 두 가문의 화해가 무슨 소용이 있을까. 우리가 사는 현시대 역시 무엇인가 돌이킬 수 없는 행위로 끝장을 본 뒤에야 후회하게 되는 일이 비일비재하다. 서양이나 동양이나 시대가 달라도 사람이 사는 곳에서는 이성적으로 해결하지 못하는 일들이 가득하다. 오십 년이 넘는 시공간이 찰나처럼 순간을 넘나들어도 본질은 변하지 않나 보다.

Part 5.

소풍 끝내는 날

　지인분이 소천하셨다는 소식을 들었다. 병원에 입원한다고 해서 달라질 게 없기에 집에서 모셨다고 했다. 거동이 불편해서 자녀가 직접 대소변을 받아 냈단다. 요즘에는 웬만하면 요양병원에 입원하는데 보기 드문 일이었다. 구순을 바라보는 나이지만 이승을 하직한다는 것은 누구에게나 안타까운 일이다.

　퇴근하고 장례식장으로 향했다. 도로 정체가 심해 가는 길이 더디기만 했다. 환절기라 그런지 돌아가시는 분이 많다. 그 누구도 생로병사의 고통에서 벗어날 수는 없다.

　얼마 전 친구 아버님이 돌아가셨는데 친구가 했던 말이 스친다. 연명 치료를 하게 되었는데 얼굴까지 괴사해 차마 볼 수 없을 정도로 힘들었다고 했다. 연명 치료 거부 동의서를 사전에 작성하면 좋은데 그럴 상황이 안 되어 가족들의 동의서를 받게 되는 등 복잡한 상황이 발생했단다. 그러면서 절대로 연명 치료는 할 것이 못 된다고 했다. 사람의 모습이 아니라고 눈 뜨고 볼 수 없는 상황이었다고 마음 아파했다.

의료 기술이 발달했다고 하지만 연명 치료는 인간의 존엄성을 무너뜨리는 일이라고 자신은 주위 사람들에게 전할 거란다. 한 달 병원비만 1,500만 원이 들었다고 한숨을 내쉬었다. 연명 치료를 해서 건강이 회복된다면 천 번이라도 권하겠지만 의식도 없이 연명만 하는 치료는 반대한다는 것이다.

주위에서 연명 치료 거부 사전 의향서를 작성했다는 말을 가끔 듣게 된다. 우정, 노년 그리고 죽음에 관한 이야기를 다룬 〈소풍〉이란 영화에 출연한 김영옥과 나문희 배우도 불필요한 연명 치료는 거부해야 한다고 했다. 시골 어르신들 사이에서도 그런 이야기들을 서로 주고받으며 실천에 옮긴다고 들었다.

복잡한 도로를 달려 장례식장에 도착했다. 모시기는 힘들었겠지만, 마지막 가는 길을 집에서 보낼 수 있어 행복한 분이라는 생각이 들었다. 병원의 차가운 병실에 비할 수 있으랴 싶다.

고인의 명복을 비는 장례식장은 오랜만에 만난 사람들에게 안부를 묻는 장이 되었다. 예를 갖추는 자리지만 어둡고 슬픈 분위기와 달리 밝게 꾸민 새로운 장례 문화도 실험 중이라고 한다. 예전에는 집에서 장례를 치렀던 시절이 있었다. 장례 문화가 많이 달라지긴 했다.

밤이 깊어지고 돌아오는 길 천상병 시인의 "아름다운 이 세상 소풍 끝내는 날/ 가서, 아름다웠더라고 말하리라."*라고 했던 〈귀천〉이 맴돈다. 이 세상이 정말 아름다울까? 매스컴에 휘둘려 사느라 고단한 이 세상, 아름다울 날 오기나 할까?

---

* 　천상병 《새》(1971), 조광출판사

아닌 것

 동네 사진관에 들러 사진을 찍었다. 어디에 쓸 것이냐고 묻길래 증명사진 용도라고 말하고 마스크를 벗고 화장을 고치고서 카메라 앞에 앉았다. 긴 머리를 한 젊은 사진사는 까칠했다. 몇 번 고개를 이리저리하라더니 다 되었다고 했다. 나는 프로필 사진이니 보내 달라고 이메일을 적어 주었다. 그는 이십 분 후에 도착할 거라고 한다. 사진관을 나와 집으로 돌아오면서 사진을 대충 찍은 것 같아 마음이 불편했다. 기다렸다 확인을 하고 오는 건데 그냥 나와 버린 걸 후회했다.
 이메일을 열어 사진을 확인한다. 바보 같은 내가 있다. 블라우스는 겹쳐 있고 재킷도 제대로 여며지지 않아서 프로필 사진으로 쓰는 건 아무리 봐도 무리인 것 같았다. 사진관에 전화해서 다시 찍겠다고 하니 다른 걸 보내 주겠다고 한다. 수정한다고 해도 한계가 있을 것 같아 금방 가겠다고 말하고 전화를 끊었다.
 사진관을 향해 걸어가는 발걸음이 마땅찮다. 이것저것 따지며 살지 않아서 이런 일은 익숙하지가 않다. 사진관 문을 열고 들어가 다시 찍어 달라고 하니 사진사의 표정이 밝지 않다. 사진값을 더 드리겠다고 말하고 머리 스타일을 바꾸어 볼 테니 다시 찍어 달라고 했다. 몇 번의 과정이 흘러 사진을 찍고 확인하고 수정한 뒤 값을 묻자 그냥 가라고 한다. 조금 불편하고 미안한 마음도 있었지만 감사하다고 했다. 사진사는 처음부터 프로필 사진이라고 말했으면 여러 번 찍었을 텐데 증명사진이라고 해서 그냥 찍었다고 말한다.

집으로 돌아오는 길, 수만 가지 생각이 스친다. 증명사진과 프로필 사진이 뭐가 다르단 말인가. 증명사진이든 프로필 사진이든 최소한의 정성을 들여야 하지 않을까. 사진관을 나온 건 다시 찍은 사진이 마음에 들어서가 아니라 다른 사진관에 가서 다시 찍어야겠다고 생각했기 때문이다.

오래전에 본 영화 〈수상한 그녀〉가 생각났다. 사진관에 걸려 있는 오드리 헵번을 보고 영정 사진이나 찍어야겠다는 마음으로 '청춘 사진관'에 들어간 여주인공이 사진을 찍고 오십 년은 젊어지는 내용이다. 어쩌면 인정하고 싶지 않은 내가 사진 속에 적나라하게 나온 탓에 마음이 불편했는지도 모르겠다.

이메일을 확인하기 위해 노트북을 켜니 〈유 퀴즈 온 더 블럭〉에 나온 공유 동영상이 뜬다. 클릭하니 '어떻게 살 것인가'의 질문에 에린 핸슨의 〈아닌 것〉이라는 시를 낭송한 것을 들려준다. "당신이 입는 옷의 크기도/ 몸무게나 머리 색깔도/ 당신이 아니다// … 당신은 당신이 읽은 책이고/ 당신이 하는 모든 말이다// … 당신이 잊은 것 같다/ 당신 아닌 그 모든 것들로/ 자신을 정의하기로 결정한 순간에는"*
이 시를 들으면서 잠시 반성하게 된다. 나는 내가 아닌 것에 마음이 불편했을까. 조금은 부끄러워진다.

다음 동영상을 클릭하니 월호 스님이란 분이 나와서 행복을 추구하면 결국 나락으로 떨어지고 행복과 불행은 양면성이라 불행이 따라오니 우리는 안심(安心)을 추구해야 한다고 말한다. 마음이 편안한 것이 최우선이라고 한다. 내 마음이 불편한데 지나친 이득을 구하지 말라면서 몸과 마음은 아바타고 관찰자가 진짜 나라고 말한다. 관찰자 입장에 서면 늙고 병들고 죽는 일에 해탈할 수 있다고 한다. 근본적인 고통인 생로병사에서 해탈할 수 있다는 것이다.

공유가 낭송한 에린 핸슨의 〈아닌 것〉이란 시나 월호 스님의 '관찰자'의 삶에 대해 생각해 본다. 오늘의 나도 나 아닌 것에 매달려 살고 있느라고 나를 관찰하지 못한 결과물이다. 어느 한순간 나를 관찰하면서 생활할 때가 있기는 했지만 오래가지는 못했다. 나 아닌 것에 속상해하면서 나 아

---

*   류시화 《마음챙김의 시》(2020), 수오서재

닌 것에 우선순위를 두고 살아왔다. 나의 행위를 관찰하면서 어떻게 사는 것이 진정한 삶인가? 생각하면서 사는 일은 쉽지 않다.

 누군가에게 보이는 내가 진정한 내 모습이 아니라는 것을 알지만 누구나 대부분은 보이는 부분만 본다. 보이지 않는 부분까지는 생각하지 않는다. 그래서 보이는 것에 얽매어 허례허식에 매달려 사는지도 모른다. 하지만 포스트코로나 시대에는 허례허식에서 조금이라도 벗어나 생활하게 될 것이라는 생각이 든다. 마음이나 정성이 없이 사는 일에 오래 길들어 나 아닌 것에 목숨 걸고 살고 있겠지만 나 아닌 것에서 벗어나 사는 일도 어려운 일임을 안다.

 이메일을 열어 사진관에서 보내 준 사진을 확인한다. 최초의 사진과 수정된 사진은 전혀 다르다. 하지만 최초의 내 모습보다는 조금 젊어졌다. 블라우스도 겹쳐지지 않고 재킷도 잘 여며져 있다. 그렇다고 사진이 마음에 드는 건 아니다. 아니 아무리 사진을 잘 찍어도 절대로 마음에 들지 않을 것을 안다. 내가 생각하는 나와 사진 속의 나는 절대로 같을 수 없음이다. 진정한 나의 모습이 아닌 보이는 나는 진실이 아니다.

 어쩌랴. 나 아닌 것에 매달려 사는 나를 관찰하느라 이 밤도 깊어지지만 나 아닌 것을 떠나서 살 수 없음을 안다. 나 아닌 것이 동반되어 진정한 내가 될 수 있는 것이 아닐까. 그런 과정을 관찰하면서 사는 일이 안심(安心)을 추구하면서 사는 일일 것이라고 애써 나를 다독인다. 나 아닌 나의 프로필 사진을 보내며 조금은 불편하고 부끄러운 하루를 마감한다.

일상으로 돌아갈 날

 바람이 불고 비가 내린다. 바닥에 까만 것들이 떨어져 있다. 자세히 보니 버찌다. 벚꽃이 하얗게 피어 나비처럼 휘날릴 때는 꽃만 보였다. 이제 꽃 지고 버찌가 익으니 나무는 무성한 이파리로 그늘을 만들고 있다. 시간은 그렇게 아무도 몰래 흘러간 것이다. 코로나19로 무심하게 보낸 시간 속에서도 나무들은 제 할 일을 하고 있었다.

 이제는 무엇인가 해야 할 것 같다. 더불어 살고 있으니 발맞추어 갈 수밖에 없다는 생각을 한다. 일반인들에게도 코로나19 백신 예방 접종이 시작되었다. 백신 접종 이상 반응에 대한 뉴스를 접하면서 걱정이 앞서는 것은 어쩔 수 없다. 그렇다고 강 건너 불구경만 하고 있을 수는 없을 것 같다.

 코로나19 백신 접종을 받았다. 백신 접종을 놓고 몇 번을 망설이다가 결국은 주사를 맞았다. 무엇이든 처음은 두렵고 실험대에 오르는 것처럼 결정하고 기다리는 시간은 더디 가는 법이다. 달팽이처럼 느리게 느리게 시간은 예의 없이 흘러갔다.

접종 예약 날을 잡아 놓고 주위에서 젊은 사람은 부작용이 많고 나이가 많을수록 부작용이 적다는 이야기를 듣게 되었다. 많이 망설였지만 '내 나이가 어때서'라는 노래 가사는 위안일 뿐이고, 그래도 나이가 있으니 별 부작용이 없을 것이라는 믿음을 갖기로 하고 접종 날을 기다렸다.

주위 사람들한테 아스트라제네카 코로나 백신 주사를 맞기로 했다고 하니 나보다 더 걱정하면서 취소하라고 지금이라도 늦지 않았다고 한다. 어느 정도 백신 접종에 관한 연구 결과가 나오면 그때 맞으라는 것이다. 사람인지라 흔들리는 마음은 어쩔 수가 없었다. 무엇 때문에 마루타를 자처하느냐고 말리기도 했다.

사는 일이 늘 이율배반적이긴 하지만 이번에도 예외는 아니었다. 나는 접종도 안 받았으면서 어르신들께 접종받으라고 설문지를 작성하며 독려한다는 건 웃기는 일이다. 75세 이상 어르신들한테 화이자 백신을 맞을 것인지 설문지도 작성하고 그분들이 잘할 수 있도록 동반하기도 하면서 마음이 조금씩 달라지기 시작했다. 비록 순서는 오지 않았지만, 접종이 옳다 싶었다. 기회가 오자 접종을 바로 결정했다.

시간은 흘러 예정된 날이 연기되고 다시 접종 의사를 물어 오면서 갈등이 있었다. 아스트라제네카는 1차 맞고 2차 접종이 11주 정도 걸린다고 해서 취소하고 7월에 접종할 수 있다는 화이자를 맞을까도 생각했다. 하지만 이왕 맞기로 했으니 1차 접종이라도 하면 확진자와 접촉을 하더라도 걸릴 확률이 낮아진다고 해서 최종 결정을 지었다.

백신 접종 날을 기다리는 건 예를 갖추는 일이었다. 컨디션 조절을 위해 나름 신경을 쓰고 조심을 했다. 30대는 시속 30km, 50대는 50km처럼 시간이 흐르는 속도가 나이에 비례한다고 생각했는데 접종 날을 기다리는 시간만큼은 나이를 거꾸로 먹는 것처럼 속도가 나지 않고 더디기만 했다. 그래도 접종 날은 서서히 다가왔다.

접종 날 아침, 불안했다. 예전에 독감 예방 접종을 하고도 독감에 걸린 기억이 있어서 사실 접종에 대한 두려움이 누구보다 많았다. 접종 시간을 기다리는 마음 상태를 뭐라 표현하기도 그렇고 아무렇지도 않은 척했지만 체한 것처럼 불편했다. 설문지를 작성해서 출력하고 접종 장소로 향했다. 그동안 어르신들이 2차까지 맞는 걸 옆에서 지켜보았으면서도 뭔가 미심쩍은 것은 내가 맞아야 하기 때문이었다.

설문지를 제출하고 의사와 상담을 하고 주사 놓는 곳으로 이동했다. 옷을 걷어 올리고 왼팔을 내밀자 눈 깜짝할 사이에 간호사가 팔뚝에 주사를 놓았다. 다른 주사는 순간적인 통증이 있는데 이것은 통증도 없이 찰나에 맞게 되었다.

간호사는 타이레놀 2알을 주면서 혹시 열이 나면 먹으라고 했다. 대기실에서 20분 정도 기다렸다가 이상이 없는 것 같아 돌아왔다. 하루를 보내고 해 질 녘 열이 나거나 그런 것은 아니었지만 해열제 2알을 물과 함께 삼켜 버렸다. 주위에서 예방 차원으로 미리 먹어야 한다기에 의무를 이행하듯 그렇게 했다. 밤이 오자 졸음이 쏟아지고 피곤해서 잠들이 버렸다. 그렇게 다시 아침이 오고 다행히 큰 증상은 없었다. 몸이 흠씬 맞은 것처럼 묵직하고 근육통으로 피곤하긴 했다.

같은 날 접종을 받았던 동료 중에는 밤에 한기가 들어 힘들었다고 했지만 모두 큰 이상은 없다고 했다. 접종 부작용으로 인해 고생하신 분들의 뉴스를 접하면서 이만하길 다행이고 축복이라는 생각을 하게 되었다. 지금은 처음 걱정과 달리 평온한 날을 보내고 있다.

아직은 멀었지만 많은 사람이 백신 접종 예약을 했고 이제는 접종 결과에 관심을 갖게 된다. 젊은 사람보다 나이 든 사람이 항체 형성이 덜 되고 지연된다는 독일 연구진의 분석 결과도 있다. 접종 후 부작용이 백신 종류에 따라 조금씩 다른 것 같고 2차 접종 결과도 차이가 있다고 한다. 그러나 부작용과 효능은 무관하여 항체 형성이 된다는 연구진들의 연구 결과를 믿어 본다.

이제 2차 접종을 기다리면서 일상으로 돌아가야 한다. 벚꽃이 피고 지고, 열매가 맺고 시간이 흘러 버찌가 익는 것처럼 그런 날이 빨리 오기를 바란다. 그리하여 바람이 멈추고 비도 멈추는 것처럼 코로나19 발생 현황을 확인하는 일도 멈출 날이 올 것이다. 일상은 그렇게 서서히 우리에게 빛처럼 스며들리라.

휴학

 순식간에 가을이 사라졌다. 갑자기 추워져 몸이 적응하기 어렵다고 아우성이다. 가을을 건너뛰고 찾아온 겨울이다. 개울을 건너야 하는데 징검다리 하나가 사라진 느낌, 어쩔 수 없이 신발이 젖고 옷이 젖는 그런 기분이다. 진즉부터 이상 기온 때문에 겨울이 불쑥 찾아올 것을 예측했건만 준비하지 못한 마음이 어수선하다.

 일요일 아침, 갑자기 1℃까지 기온이 내려가니 아이들 생각에 걱정이 앞선다. 두 녀석이 타지에 살고 있다. 아무리 야무지게 단속을 잘한다 해도 엄마 마음은 안심이 안 된다. 한 녀석이 감기에 걸렸다고 두꺼운 이불과 겨울옷을 가져다 달라고 한다. 택배로 보내기에는 시간이 걸릴 것 같고 요즘 같은 코로나19 시기에는 서로서로 조심해야 할 일이기에 길을 나서야 할지 잠시 망설여진다.

 녀석은 어렸을 때부터 애착 이불이 있었다. 지금은 거의 나오지 않는 목화솜을 타서 만든 오래된 이불이다. 환절기에 혹독한 몸살을 앓고는 했는데 이번에도 쉽게 지나가지 못한 모양새다. 감기 때문에 몸이 힘들면 안 될 것 같아 가져다주기로 했다. 이불을 살균하고 옷을 챙겨 녀석이 있는 S시를 향해 길을 나선다.

  운전대를 잡고 목적지를 향하는 사이에 찬 바람이 들어온다. S시로 향하는 길은 구불구불 산야를 지나 고속도로로 들어가야 한다. 하얀 억새꽃이 잔뜩 피어나 은빛 바람결로 흔들린다. 곧 노을이 지고 해가 뚝뚝 떨어진다. 어느 사이 시야는 어둑해진다. 안전 운전을 위해 눈을 크게 뜨고 광명진언을 수없이 되뇐다.

  무사히 고속도로 톨게이트를 통과한다. 자식이란 무엇인지, 밉다가도 아프다고 하면 걱정되어 어쩔 수가 없다. 녀석이 휴학했다. 한 학기만 다니면 졸업인데도 10월 말까지는 등록 휴학이 가능하다고 기어이 휴학을 결정해서 더는 말리지 못했다. 학교를 안 다니면 안 되느냐고 해서 졸업은 하고 보자고 달랜 것이 여기까지 왔다. 휴학하고 무엇을 할 것인지 계획표를 짜서 보여 주라고 했지만 막무가내였다. 내년 3월까지만 자기가 하고 싶은 것을 하겠다고 선포했다. 녀석은 비대면 수업을 한 지 벌써 2년이 되어 가고 학교에 가나 안 가나 똑같다고 하소연을 보탠다.

  "그래 좀 쉬어라." 마음으로는 이해하면서도 머리는 도저히 이해가 안 가는 녀석이다. 무엇을 하든 알아서 하겠지만 요즘 같은 코로나19 시대에 과연 무엇을 할 수 있을 것인가. 여러 가지 생각들이 머릿속을 떠돈다. 저러다가 한 학기 남은 학교마저 그만둔다고 할까 봐 조마조마한 것은 무슨 욕심인지 모르겠다.

 짐을 가져가기 위해 자취방 앞에 도착해 선화하니 내려온다. 무슨 말을 해야 할지 모르겠지만 오늘 밤 잘 구슬려서 녀석의 의중을 캐고 싶다는 소심한 마음을 가져 본다. 녀석과 밥을 먹으면서 이것저것 물었지만, 가슴만 답답하다. TV 드라마를 켜 놓고 무심한 듯 혹시나 하고 캐물어도 엄마의 속마음을 다 안다는 듯이 대답을 회피한다.

 결국은 아무런 소득도 없이 밤을 지새운다. 녀석도 나도 잠 못 이루는 긴 밤이었다. 출근해야 하기에 새벽 6시에 급하게 일어나 몸조심하라고 말하고 자취방을 나선다. 아직은 새벽길이라 차는 밀리지 않지만 갈 길은 멀다.

 돌아오는 길, 멀리 산 중턱에 운무가 걸려 있다. 어젯밤 내려온 운무는 무슨 미련이 남았는지 모르겠지만 올라가지 못하고 떠돈다. 나처럼 누군가에게 전하지 못한 말이 있어서일까. 듣고 싶은 말을 듣지 못해서일까. 아니면 내 마음을 헤아리며 위로의 말이라도 건네주고 싶었을까. 평상시라면 아름답게 보였을 운무가 이 아침은 우울하게 느껴진다.

 앞만 보고 고속도로를 달린다. 문득 지난날들을 돌아보니 앞만 보며 삼십여 년 가까이 한 직장에서 생활해 온 것 같다. 아무리 힘들어도 견디며 살았다. 이제는 정년의 나이가 되었다고 생각하니 쓸쓸해진다. 엄마처럼은 살지 않기를 바라는 것이 내 욕심이라면 '녀석이 건강하고 튼튼하고 지혜로워지기'를, 슬기로운 휴학 생활이 되기를 바리는 마음이다.

갑자기 등 뒤가 환해지는 느낌이 든다. 이게 뭐지 하고 보니 등 뒤에서 햇살이 비춘다. 관세음보살의 후광이 눈앞에 그려지고, 한 번도 만나지 못한 황홀한 경험을 한다. 나도 모르는 사이 찬란한 햇살의 후광을 입는다. 아무려면 어쩌겠는가. 녀석이 잘해 낼 것이라고 아침 햇살이 따스한 위로의 빛을 보내 준다. 그래 이 겨울을 또 잘 견뎌 보자.

새해는 처음이라지만

다사다난했던 한 해가 기울고 새로운 해가 시작된다. 임인년(壬寅年) 새해다. 새해는 처음이라 무슨 일이 벌어질지 모른다. 늘 그런 것처럼 새해의 운세가 궁금해진다. 새해에는 대선과 지방 선거가 있다. 대선 후보들을 보면서 누가 당선되느냐에 따라 우리나라 운세가 달라질 것이라고 점치는 사람들도 있을 것이다. 시기적으로 어려운 것만은 분명하다.

우리나라 돌아가는 사회적 상황이 안정되어야 국민이 편안할 수 있다. 듣고 싶지 않아도 들려오는 사회적 현상과 받아들이고 싶지 않은 사회적 현실은 지극히 우리를 불편하게 만든다. 사회적으로 조금이라도 안정될까 싶어 국운을 점치기도 하고 다른 사람들이 예언해 놓은 운세를 검색해 보기도 한다.

2020년 1월 20일, 우리나라에 첫 코로나19 환자가 발생했다. 지난 2년간 민심이 극도로 불안정해졌고 경제적으로 힘들어진 시기다. 위드 코로나를 시작하고 얼마 못 가서 코로나19 환자가 증가했다. 다시 시작된 사회적 거리 두기 및 방역 패스 실시로 일상 멈춤은 모두에게 너무 큰 시련을 주고 있다. 사람들은 극도의 피로감으로 누군가 쿡 찌르면 풍선처럼 빵 터질 것 같은 위기다.

생각하면 그동안 우리는 매사에 감사한 줄 모르고 잘 살아왔다. 그에 대한 대가는 혹독하다. "신이시여! 이제 그만 우리의 죄를 사하여 주시옵소서!"라고 간절히 빌기라도 하여 예전으로 돌아가고 싶어지는 것이 혼자만의 생각은 아닐 것이다. 세상은 우리를 가만히 내버려두지 않는다. 매번 휘둘린다. 기쁘게 하면 기뻐하고, 슬프게 하면 슬퍼하고, 죄를 보면 고통스러워하며 산다. TV, 인터넷 매체를 보고 있으면 우리는 의지와 상관없이 나와 나를 둘러싼 세계 덕분에 고난에서 벗어날 수 없음을 알 수 있다.

세상이 어지러울수록 사람들은 예언가들의 예언을 궁금해한다. 물론 그 궁금증의 끝에는 우리의 앞날에 대한 불안 때문이다. 그동안 많은 사람의 예언이 있었고, 일치하는 일이 거의 드물었음에도 새해가 되면 예언자의 예언을 찾아보게 된다. 그 대표적인 사람이 '노스트라다무스'다. 그의 예언 풀이를 보면 2022년은 인류 멸망 일보 직전까지 갈 것이라고 한다. 꼭 그렇다기보다는 그만큼 어려운 시기라는 뜻으로 해석하고 싶다.

혹시나 하여 우리나라의 새해 운세도 검색해 본다. '백척

간두'라는 단어가 먼저 뜬다. 2년 동안 코로나19로 침체한 사회적 기운이 쉽게 좋아질 수는 없을 것이기에 어려운 것은 사실이다. 조금이라도 좋은 건 없나 검색한다. 우리나라 운세는 그동안 숨겨진 비밀과 비리가 드러나고 진실이 밝혀지면서 하반기로 갈수록 점차 나아질 것이므로 서로 지혜롭게 화합하면 안정을 찾을 것이란 글도 있다. 기왕이면 긍정적인 글에 한 표를 던지며 위안을 삼아 본다.

그동안 코로나19 때문에 많이 힘들었지만, 세계적으로 코로나19에서 벗어나려면 시간이 걸리고 그만큼 어려운 상황이 될지도 모른다. 벗어날 수도 없으니 이제는 같이 갈 수밖에 도리가 없으리라. 이 현실을 현명하게 이겨 내고 받아들이면 새로운 방안도 생길 것이란 믿음을 가져 보는 것도 필요하다. 예언이든 운세든 긍정적인 믿음처럼 중요한 일은 없을 것 같다.

나라의 운세가 궁금했다면 이제는 나를 포함하여 내 주위의 사람들과 가족의 운세도 궁금해진다. 인터넷을 검색한다. 2022년 임인년 운세를 무료로 알려 주는 사이트가 많이 뜬다. 년(年), 월(月), 일(日), 시(時)를 넣어 검색한다. 일명 사주다. 사람의 길흉화복(吉凶禍福)을 점치는 일이다. 길흉화복이란 좋은 일과 나쁜 일, 행복한 일과 불행한 일을 아우르는 사자성어다.

세상 이치가 양과 음이 있고 생과 사가 있듯이 모든 것은 공존하고 있다는 의미로 기쁜 일이 있으면 슬픈 일이 있듯이 길흉화복 역시 영원하지 않고 우리의 삶 속에서 상생하게 된다는 것이다. 달이 차면 기울고 기울면 다시 차오르듯이 항상심이야말로 우리가 가져야 할 덕목인지도 모른다.

미래에 대한 궁금증이 사주를 보게 한다. 하지만 사람의 사주는 과거와 현재 미래를 아우른다고 보아야 사주를 분명하게 알 수 있다고 적혀 있다. 이 세상은 회전하는 것이고 회전하는 것은 축이 있고 그 축을 기준으로 저울질을 유지하면서 사는 것이 인생사란다. 길흉(吉凶)은 대우주에서 오지만, 화복(禍福)은 소우주인 내가 만들어 간다고 한다. 대우주와 소우주는 서로 영향을 주고받는다는 것이다.

사주는 사람의 길흉화복을 예측하는 동양의 음양과 오행인 자연철학에서 비롯된 명리학이란 학문으로 자리 잡은 지 오래다. 하지만 광활한 대우주에서 지구는 얼마큼의 자리를 차지할까? 그렇다면 나라는 소우주는 어디에 머물까 궁금해진다. 대우주의 기운과 소우주의 기운이 사주에 영향을 준다는 것이다. 우주의 영향을 서로 주고받는다면 내가 어떻게 살아왔고, 어떻게 살고 있고, 어떻게 살아갈 것인가에 의해 사주는 얼마든지 달라질 수 있다는 이야기다.

비록 새해는 처음이지만 예측해 놓은 운세에 미리부터 불안해하지 말지어다. 얼마든지 내가 만드는 소우주의 힘에 의해 달라질 수 있다고 하지 않는가. 인생을 좌우하는 것은 긍정적인 마인드라고 한다. 임인년 새해, 나쁜 것을 물리치고 복을 가져온다는 검은 호랑이처럼 밝고 힘찬 미래를 기대해 보련다.

리라꽃 향기를 돌려주세요

리라꽃이 유혹하는 계절이다. 시골길을 걷다가 담장 위로 얼굴을 내밀고 있는 리라꽃을 마주했다. 반가운 나머지 저절로 꽃 쪽으로 고개가 기울어지고 향기가 맡아진다. 보랏빛 꽃은 아닌 척 유혹의 눈길을 보낸다. '우리 집에 가서 살자'고 꽃에 허락을 청한 후, 한 마디를 꺾어 집으로 모셔 왔다.

리라꽃 즉 우리가 흔히 부르는 라일락은 '수수꽃다리'라는 순우리말 이름이 있다. 물론 꽃잎의 모양은 조금 다르다. 1947년 미군정청에 근무하던 엘윈 M. 미더가 우리 토종 식물인 털개회나무 씨앗을 받아 본국으로 가져갔다. 그 후 품종을 개량하여 이름을 '미스킴라일락'이라고 지었으며 우리나라가 역수입하게 되었다고 한다. 우리 품종을 지키지 못한 것은 안타까운 일이다.

리라꽃의 꽃말은 여러 가지가 있지만 '젊은 날의 추억'이 가장 와닿는다. 〈베사메무쵸〉란 노래에서 처음 리라꽃이란 이름을 듣게 되었기 때문인지도 모른다. 라일락이란 이름보다 리라꽃이란 이름이 더 친근한 이유다. 라일락(lilac)은 영어 이름이고 리라(lilas)는 프랑스 이름이다.

베사메무쵸는 멕시코의 작곡가 콘수엘로 벨라스케스가 작곡한 곡이다. 스페인어로 Bésa(키스하다) me(나에게) mucho(많이)라는 뜻이다. 멕시코 노래 중 전 세계인이 유독 사랑해서 리메이크된 곡이다. 우리나라에서는 1949년에 현인이 〈베사메무쵸(남국의 처녀)〉라는 제목으로 리메이크했다가 1960년에는 남국의 처녀는 빠지고 원곡의 제목으로 리메이크했다고 한다.

"베사메 베사메무쵸. 고요한 그날 밤 리라꽃 지던 밤에 베사메 베사메무쵸. 리라꽃 향기를 나에게 전해 다오." 노래도 못 부르면서 흥얼거렸던 것 같다. 젊은 날의 향기를 잊어버렸다면 리라꽃 향기를 맡아 보라. 그러면 알 것이다. 이 봄, 리라꽃이 지기 전에 서둘러야 할 것이다. 젊은 날이 가기 전에, 젊음이란 붙잡을 수가 없다.

〈베사메무초(Bésame Mucho)〉라는 노래를 불렀던 이가 있었다. 이제는 과거형이 되어 버렸지만, 노래방이 유행했던 젊은 날의 한때 그이는 이 노래를 즐겨 불렀다. 그이는 어처구니없는 사고로 젊은 날에 이승을 등졌다는 소식을 들었다. 리라꽃이 피는 계절이면 젊은 날의 향기인 듯하여 더 애절하게 다가온다.

리라꽃을 꺾어 돌아오는 길, 구십이 넘은 할머니를 만나야 할 일이 있었다. 울타리가 쳐진 문밖에 빗장이 걸려 있었다. 빗장을 올리고 들어가니 할머니는 TV를 벗 삼아 홀로 앉아 있었다. 아무도 오지 않는 집, 위리안치 섬이 되었다. 처음 보는 사람인데 경계심도 없이 천진난만하게 웃으신다. 자녀분들은 언제 오는지 묻는데 오지 않는다고, 밥해 주러 아침과 저녁에 요양보호사가 다녀간다는 말뿐이다.

"절대로 늙지 마쇼잉, 절대로 절대로 늙지 마쇼잉."

할머니는 나를 보며 반복적으로 내뱉는다. 늙으면 아무짝에도 쓸모없다고 덧붙인다. 누구를 만나든 이야기를 하고 싶은데 이야기할 사람은 없고, 홀로 섬처럼 집에 갇혀 지낸다. 어떤 말로도 위로가 될 수 없음을 알지만 "어떻게 안 늙겠어요."라고 화답하니 "다 소용없다, 늙지 마쇼잉"만 되풀이하신다. 인사를 하고 나오는 길, 리라꽃 향기가 담장을 넘는다.

할머니는 리라꽃 피는 이 계절에 '젊은 날의 추억'을 되새기고 있었으리라. 〈베사메부쵸〉 한 구절을 홀로 노래했을지도 모른다. 어쩌면 리라꽃 향기를 돌려 달라고 간절하게 소원을 빌기도 했으리라. 할머니는 내게 늙지 말라는 화두를 던져 주셨다.

늙는다는 것은 젊은 날의 기억도 차츰 사라지고 삶의 방식도 잊는다는 것이다. 섬이 된 어르신들은 치매를 앓고 있는 경우가 많았다. 그 할머니는 몸은 늙어도 마음이라도 젊게 살라는 것은 아닐까 되뇌어 보지만 가능할 것 같지는 않다. 불로장생을 꿈꾸었던 진시황제도 겨우 오십을 살았다고 한다. 늙지 않고 영원히 삶을 누릴 수는 없다. 화무십일홍처럼 우리의 삶도 결국은 지고 만다. 사는 일에 대해 조금은 나를 내려놓고 가볍게 살아야 할지도 모르겠다.

폐허가 되어 가는 자리마다 섬이 생겼다. 길을 걸으며 그 길에서 홀로 갇힌 어르신들이 의외로 많다는 것을 알았다. 그분들도 길을 내기 위해 열심히 사셨을 것이다. 때로는 새로운 길도 개척했으리라. 이제는 있는 길도 묻힌다는 것을 아는 서러운 나이가 되었을 것이다. 그리하여 그분들의 한결같은 이야기는 "다 소용없다고."라고 몸부림치며 외치는 것 같았다.

집으로 모셔 온 리라꽃을 꽃병에 넣고 물을 가득 채운다. 머금은 꽃이 톡톡 꽃잎을 벙근다. 리라꽃 향기를 맡으며 오늘이 마지막인 것처럼 살아야겠다고 생각한다. "다 소용없다."라고 하셨던 할머니의 외로운 외침처럼 우리는 그렇게 늙어 갈 것이다. 그렇다고 해도 나는 오늘 우리 집에 데려온 꽃처럼 살아야겠다. 봄밤이 깊어 가는데 어디선가 "리라꽃 향기를 돌려 달라."라는 간절한 소리가 들려오는 듯하다.

일체유위법

 그날은 6월 1일 토요일이었다. 후덥지근했지만 산에 가기 좋은 날이었다. 친구 C와 세인봉에 가기로 약속했다. 12시 30분에 만나기로 했으니 여유가 있어 집 안을 청소하고 정리했다. 간단한 먹거리와 물을 가방에 담고 보니 상당한 무게였다. 시간에 맞추어 주차장으로 향했다. 앞으로 무슨 일이 벌어질지 아무것도 모른 채 발걸음은 가벼웠다.

 트렁크를 열어 가방을 넣고 트레킹화로 바꿔 신었다. 그러고는 무심코 트렁크를 닫아 버렸다. 아뿔싸! 이미 늦었다. 키와 핸드폰이 가방에 있는데 트렁크를 닫았으니 차 문이 열리지 않았다. 핸드폰도 없자 순간 당황스러웠다. 보조 키를 가지러 집에 갔다가 내려오는데 마음이 소란했다. 차 안에 키가 있어서인지 보조키로 열리지 않고 차 경보음만 커졌다. 어떻게 열었는지 모르겠는데 엉겁결에 문이 열렸다. 본 키와 보조 키가 함께 있으면 충돌이 일어날까 싶어 보조 키를 집에 가져다 두고 다시 주차장으로 내려왔다. 갑자기 산에 가기가 싫어졌으나 어쩔 수 없이 출발했다.

세인봉에 오르는 주차장은 이미 만원으로 겨우 자리 하나를 발견해서 비집고 들어갔다. 산에 오르는 맛을 느끼면서 힘들지만 위로 향했다. 수없이 오가던 산행길이라 크게 문제가 될 것은 없었다. 세인봉에 도착하니 사람들이 그늘에 앉아 저마다의 사색에 잠겨 있었다.

가방을 내려놓고 숨을 몰아쉬며 친구와 의자에 앉아 휴식을 취했다. 생각보다 바람은 시원했다. 산바람은 일반 바람과 다르게 청량함을 몰고 왔다. 그 맛을 느끼기 위해 산에 오르는지도 모른다. 경치 좋은 산속에서 이런저런 이야기로 시간 가는 줄 모르던 우리는 오후 4시가 넘어서야 내려오던 중이었다. 갑자기 먹은 것이 탈이 났는지 뱃속에서 전쟁이 일어났다. 도저히 참을 수가 없어 친구에게 사정을 말하고 안전한 곳을 물색할 수밖에 없었다.

등산로에 들어서던 찰나 몸이 앞으로 넘어졌다. 무슨 상황인지 모르겠으나 오른쪽 팔이 구덩이로 빠지는 듯하더니 힘이 소진되고 외마디 고통 소리가 산속을 울렸다. 앞에 있던 친구는 무슨 일이냐고 물었다. 정신을 차리고 나니 팔꿈치에 문제가 생겼다. 직감적으로 탈구되었다는 것을 알았다. 험한 길도 아니고 흙길에 평탄한 곳인데 이게 뭔 상황이란 말인가. 고통을 참으며 주위를 둘러보니 잘린 나무 끝에 발이 걸리면서 넘어진 것이었다.

탈구된 오른쪽 팔을 왼손으로 받쳐 들고 주마등처럼 스치는 세상살이에 절망했다. 친구는 응급 구조 전화를 하고 있었다. 나는 다음 주부터 해야 할 일들에 대한 계획이 물거품처럼 사라지면서 미래에도 아무것도 할 수 없으리라는 것, 이제 붙들고 있는 것들을 하나씩 내려놓아야 한다는 것을 직감했다. 이것이 무언의 메시지는 아닌지 싶은 생각이 바람에 흔들리는 나뭇잎 같았다.

한 발짝도 움직일 수 없을 만큼의 고통이 엄습해 왔다. 시간이 얼마나 흘렀을까. 구조대원들이 연락을 받고 소속된 곳에서 도착했으나 그분들이 할 수 있는 건 한계가 있다는 것을 알았다. 한 시간은 족히 걸릴 산길을 들것에 실려 내려갈 수 없으니 헬기를 부를 수밖에 없었다. 내가 앉아 있는 주변의 잡목을 정리하고 저체온으로 떨어질지 모른다며 은박지로 몸을 싸 주었다. 헬기를 기다렸으나 사정이 생겨 금방 올 수 없다고 했다. 결국은 타 지역에서 오기 때문에 더 기다려야 된다고 했다. 친구는 혼자서 산을 내려가고 나는 구조대원들과 산속에 앉아 고통에 신음할 수밖에 없었다.

오후 4시 30분경 사고가 나고 6시 30분경 헬기가 도착했다. 헬기 바람에 나뭇잎들이 산산이 부서져 나갔다. 내 마음도 함께 부서졌다. 구조대원의 도움으로 떨어지지 않도록 몸을 장착하고 그들에게 이끌려 헬기로 끌어 올려졌다. 올라가면서 바람에 흔들려 구조대원의 몸에 팔이 조금이라도 닿으면 더욱더 심한 고통이 엄습해 신음만 커졌다. 정신을 차리니 헬기 안의 바닥이었다. 손끝만 몸에 닿아도 고통스러웠다. 내려갈 때는 어떻게 하나 눈앞이 아찔했는데 헬기는 얼마 후 안전한 곳에 도착했고, 광산구 응급 구조차가 대기하고 있었다. 7시 30분경 병원으로 이송되었다. 팔 하나 다쳤는데 한 세계가 무너지는 것 같았다.

겨우 엑스레이를 찍고 응급실에 누워 있으니 남편과 친구 C가 도착했다. 팔꿈치가 탈구되어 수면 마취를 하고 8시경 팔을 제자리에 맞췄다. 마취에서 깨어나 보니 반깁스가 되어 있는 내 모습이 어처구니없었다. 그 와중에도 며칠 입원하느냐고 물었더니 5일 정도라고 했다. 그때는 몰랐다. 처음 있는 일이고 주변에서 본 적이 없어 그 5일이 끝이 아니라 시작이라는 것을.

병실에 옮겨 정신을 차리고 나니 주위가 보였다. 혼자 움직일 수 있으니 걱정하지 말라고 친구를 집에 가라고 보냈다. 조금 후에 남편도 보내고 병실에 홀로 누웠다. 고통을 감내하며 하루를 돌아보니 불현듯 금강경의 한 구절이 스쳤다.

"一切有爲法 如夢幻泡影 如露亦如電 應作如是觀 (일체유위법 여몽환포영 여로역여전 응작여시관) 일체의 유위법은 꿈 같고 허깨비 같고 물거품 같고 그림자 같고, 이슬 같고 번갯

불과 같으니 응당 이렇게 보아야 한다."

　아침부터 청소하고 정리하고, 차 키를 차에 넣고 문을 닫아 버렸다. 어쩌면 나는 사고가 날 것을 예측해서 한동안 청소를 못 하리라는 것을 미리 알았을까. 나를 관장하는 신은 가지 말라고 나를 붙들었던 것은 아닐까. 그런데도 기어이 그 길을 나서서 온몸으로 고통을 감내하는 것일까. 수많은 생각들로 이 밤이 수런거린다.

86병동 602호실

　병동의 일요일 아침은 고통스럽게 왔다. 한 치 앞을 알 수 없는 것이 사람의 일이라지만 병실에 누워 있는 나를 물끄러미 관찰하게 된다. 무엇부터 할까. 병실에 누워 할 수 있는 건 아무것도 없었다. 넘어져 겨우 팔 하나 다쳤는데 할 수 있는 것이 별로 없다는 사실에 모든 것을 내려놓아야겠다는 생각만 들었다. 화장실에 가서 옷 내리고 올리는 일도 힘들었다.

　아침밥이 나왔는데 국에 밥을 말아 왼손으로 밥만 겨우 먹었다. 사전 준비 사항을 몰라 수저가 없다고 하니 병실에 계신 분이 일회용 수저를 주어서 그래도 살아 보겠다고 밥을 먹었다. 진통이 몰려와 어떻게 일요일 하루를 보냈는지 기억도 없다. K 언니에게 절에 가자는 전화가 오고 어쩔 수 없이 병원에 입원했음을 알릴 수밖에 없게 되었다. 오후에 D 스님께서 전화를 주셨다. 병문안 오시겠다는 걸 번거로우니 오지 말라고 말씀드렸다. 늦은 저녁 수술을 받아야 될지도 모른다는 이야기를 들었고, MRI를 찍어야 하니 서명을 하라고 했다.

　월요일 아침이 되어서야 담당 의사 선생님을 만날 수 있었다. MRI를 찍어서 확인을 해 보자고 했고, 수술하게 되면 화요일 오후쯤이 될 것이라고 했다. 정리할 것들을 생각했다. 일단 사무실에 연락하고, 진단서를 끊어서 카톡으로 보냈다. 학교에 전화해서 수요일 강의 시간을 변경하고, 6월 6일 목요일 현충일 행사 헌시 낭독을 하기로 했었는데 할 수 없게 되었음을 알렸다. 연락하기 전에는 복잡하고 심란했던 머릿속이 연락하고 내려놓으니 생각보다 간단한 일이라는 것을 알게 되었다.

　오후에 MRI를 찍었고, 저녁 9시경 링거 줄을 뽑았다. 링거 줄만 없어도 그 밤은 살 것 같았다. 하지만 깁스가 된 팔이 무거웠고 팔을 어떻게 해야 할지 몰라 잠을 자기에도 불편했다. 진통으로 고통스러운 밤은 아무 일도 아니라는 듯 그렇게 지나가는 듯했으나 새벽녘 88세 할머니가 자녀들과 놀러 갔다가 넘어져 손목 골절로 병실로 들어왔다.

　602호실 앞 침대에는 넘어져 발을 다쳤다는 언니가 있었고, 그 옆에는 넘어져 가슴 골절로 들어온 80세의 할머니가 있었고 그 앞에는 할머니의 보호자가 있었다. 내 옆으로 들어온 손목 골절 할머니는 아침에 다른 병실로 옮겨 갔다. 그 사이에 내 앞 침대 언니가 할머니 보호자에게 부탁하여 창가로 자리를 옮기고 할머니 보호자가 내 앞으로 자리를 옮겼다.

 화요일 아침부터 팔꿈치가 아프기 시작한다. 아파도 깁스한 상태라 만질 수가 없다. 어디가 아픈지 감도 오지 않는다. 링거 줄을 다시 달고 아침 9시경 의사 선생님이 오셔서 인대 4개가 다 엉망이라고 한다. 다행히 수술은 안 해도 될 것 같다고 하지만 절망스러운 기분이 든다. 그동안 고생한 오른팔을 쓰다듬어 준 적도 없었는데 이제 고생했다고 만지려고 하니 만질 수도 없다.

 오후 3시경 현충일 헌시 낭독 관계로 담당자의 전화를 받았다. 대신하실 분이 할 수 없게 되었다고 누구 소개해 줄 분이 없냐고 묻는다. 말이 낭독이지 최소한 시를 외워서 낭송해야 하는데 행사를 앞두고 산에 간 내가 스스로를 관리하지 못한 것 같아 자존감이 우수수 낙엽처럼 떨어진다. 소개할 사람에게도 무리일 것 같아 검정 옷으로 깁스를 안 보이게 감싸고 현충일 행사에 참석하겠다고 말했다.

 발을 다쳐 휠체어를 타고 다니는 언니는 곧잘 목욕을 하고 나왔다. 발이 아픈데 가능한지 물으니 방수 커버에 발을 넣고 목욕을 한다고 했다. 깁스 방수 커버를 쿠팡에서 살 수 있다고 했다. 목요일 행사에 나가려면 목욕할 일이 심란했는데, 바로 쿠팡 사이트에 접속하여 팔 깁스 방수 커버를 주문했다. 중요한 정보를 준 언니 이름은 봄희였다.

　수요일 새벽 뇌종양으로 집에서 요양하시던 분이 휠체어에서 떨어져 가슴 골절이 왔다고 병실에 들어왔다. 몸이 움직이지 않을 때는 위험이 없는데 조금씩 움직이기 시작하자 휠체어에서 떨어진 것이다. 상처라는 동질감으로 모인 사람들은 거리감 없이 금방 친해져서 곧 집에 있는 숟가락이 몇 개인지까지 셀 기세가 되었다.

　가슴 골절 할머니는 오후가 되자 퇴원했다. 그 할머니는 고향이 화순이고 사는 곳이 나주라면서 내가 화순에 산다는 이유로 짧은 며칠인데도 나에게 친근함을 내비치곤 했다. 왼손에 포크를 쥐고 밥을 먹고 나면 손을 마음대로 움직이지 못하는 나를 대신하여 할머니 보호자 할아버지는 내 식판을 옮겨 주곤 했었다.

　할머니가 떠난 자리로 가슴 골절이 온 여성분이 자리를 옮겼다. 우리 병실은 가슴 골절 환자와 그 보호자분, 발을 다친 봄희 언니랑 같이 이런저런 이야기를 하면서 하루를 보냈다. 가슴 골절 여성분은 나보다 한 살이 많다고 했는데 의사소통에 불편이 있고 혼자서는 움직일 수 없었다. 뇌종양 수술 후에는 움직이지도 못했는데 지금은 많이 좋아졌단다. 이름이 선희였다. 수술 후에 후유증이 심했는데 마늘을 먹고 많이 좋아졌다고 식사 때면 마늘장아찌를 챙겨 먹었다.

선희 언니 보호자분이 일이 있어서 나가면 셋이서 병실에 있었고, 보호자가 돌아오면 두 분만 남겨 두고 봄희 언니랑 복도 휴게실에서 보내곤 했다.

6월 6일 목요일 새벽, 외출을 내고 남편에게 와 달라고 해서 집에 도착하니 방수 커버가 도착해 있었다. 동생을 불러 도움을 요청하고 준비를 서둘렀다. 남편에게 운전을 부탁하고 행사장에 갔다.

작년에 비해서 많은 분이 와 계셨다. 검정색 원피스를 입고 검정색 가디건으로 팔을 감싸긴 했지만, 얼굴이 화끈거리고 창피했다. 몸 관리도 못 하고 사고를 당한 것 같아 불편했다. 김태근 시인의 〈무궁화로 피어난 님이시여〉를 낭송했다. 행사를 무사히 마치고 집으로 돌아와 화장을 지우고 다시 병원으로 들어갔다.

병실에 들어오는 길 아무것도 사 오지 못해 봄희 언니에게 미안해서 차를 마시자고 병실 밖으로 나왔다. 언니가 차는 마시지 말고 바람이나 쏘이자고 하여 걷고 있는데 지나가는 사람이 묻는다.

'발 아픈 것이 나은지 팔 아픈 것이 나은지'라고, 우리는 서로 바라보며 멋쩍은 웃음을 지었다. 언니는 그래도 마음대로 어디든 갈 수 있으니 팔 아픈 것이 더 괜찮을 것 같다고 했다.

봄희 언니는 오랫동안 요식업에 종사했다고 한다. 특히 횟감을 잘 다룬단다. 나이가 들어 이제 그만하고 쉬려고 했는데 발을 다쳐서 쉴 수밖에 없다고 했다. 언니는 입원한 지 3주 정도 된 것 같았다.

밤이 지나고 다시 아침이 되었다. 병실에서의 시간은 지루하지만 빠르게 흘러간다. 오후가 되자 친구 C가 병문안을 왔다. 육개장을 보온 통에 넣어 가지고 왔고, 미니토마토와 참외를 사 왔다. 과일을 맛있게 먹는데 사무실에서 병문안을 왔다. 불편을 끼치는 것 같아 아무도 못 오게 했는데 진단서에 첨부된 병원 이름을 보고 찾아왔다. 친구 C랑 산에 갔다는 말은 차마 그 자리에서는 못 했다. 퇴원하면 보기로 하고 사무실 직원들을 먼저 보내고 친구 C와 이야기를 했다. 친구도 그때 가시나무에 손가락을 찔렸다고 했다.

86병동에는 아침이 오고 비가 오고 바람이 분다. 창문 너머 무인텔 간판이 보이고 도시의 창밖이 소란스럽다. 그렇게 시간이 흐르고 토요일 아침이 되었다. 회진 오신 의사 선생님이 이제 더는 할 치료는 없다고 퇴원해도 된다고 했다. 병실에서 마지막 밥을 먹고 왼손으로 양치질을 한다. 비릿한 고등어 냄새가 코끝을 맴돈다.

남편은 친구들과 1박 2일로 여수를 간다고 했다. 병원비를 정산하고 동생에게 와 줄 수 있냐고 물으니 가능하다고 해서 2주분의 약을 타서 동생을 기다렸다. 하필이면 빗줄기가 굵어진다. 짧은 시간 함께 보낸 병원 언니들에게 감사함과 함께 빨리 회복되기를 바란다고 전했다. 그렇게 8일간의 병원 생활을 마치고 집으로 돌아왔다. 한 손으로 할 수 있는 것은 아무것도 없고, 진통은 더 심해졌다.

손바닥에서 목까지의 거리

 퇴원하여 돌아오니 몸이 더욱 힘들어졌다. 뼈와 살이 분리되는 아픔이다. 월요일 하루 더 병가를 내고 집에 있으니, 감옥 없는 창살에 갇힌 듯 힘들고 신경이 온통 깁스한 팔로 향했다. 아무것도 하지 않았지만, 집에 있으니 온종일 고통이 배가되는 듯했다. 밖으로 나가서 걷는 것 자체가 재앙이라는 생각이 들 정도로 소심해졌다. 밤새 아픈 팔을 부여잡고 아침을 맞이했다.

 6월 11일 출근했다. 사무실과 집만 오가다 깁스한 손을 가지고 왼손으로 포크를 들고 점심도 먹고 친구 집들이도 갔다. 친구들에게 말을 안 했기에 놀란 모습이었다. 사고 경위를 말하면서 괴롭지만 모처럼 즐겁게 웃을 수 있었다. 건강하게 살자는 이야기를 하면서도 남산공원을 정원으로 가진 친구가 은근히 부러워졌다.

 3주 만에 깁스를 풀었다. 물리치료가 시작되자 그동안 기역 자로 구부러진 팔에 절망했다. 고통이 뼛속으로 스며들고 좀처럼 팔이 정상으로 돌아갈 것 같지가 않았다. 물리치료를 하러 가자니 병원이 너무 멀어서 집 근처에 있는 곳으로 옮기고 날마다 드나들었다. 물리치료를 받은 지 오 일이 지나자 손을 들어 드라이기로 머리를 말리고 볼펜으로 글을 쓸 수 있게 되었다. 그다음 날에는 젓가락질도 할 수 있게 되었고, 서툴지만 양치질도 가능해졌으며 립스틱도 바를 수 있었다.

가끔 살과 뼈가 분리되는 고통이 엄습해 왔다. 손바닥이 얼굴에 닿게 되었으나, 목에 닿지는 못했다. 세수하기에는 아직 힘들었다. 팔이 펴지는 일은 쉽지만 팔을 오므리는 일은 더 어렵다고 물리치료사는 말했다. 그래도 치료사의 손길이 닿을 때마다 조금씩 좋아지고 있었기에 감사하다는 말을 전했다.

날씨가 더워지고 비가 내리면 팔은 뼛속까지 아픔이 파고들었다. 무더운 날씨에 에어컨 바람이 살에 닿기라도 하면 팔이 시려 힘들고 고통스러웠다. 이 여름에 겨울용 팔 토시를 구해 끼고 생활하니 조금은 좋아졌으나 노출된 손은 여전히 고통에 찌들어 갔다. 뜨겁게 찜질을 하면 괜찮아지긴 했다. 통통 부은 손가락들이 아우성이었다. 어르고 달래며 왼손은 오른손을 열심히 마사지했으나 좀처럼 나아지지 않았다.

깁스를 풀고 물리치료를 받은 지 2주가 지났다. 사고 난지 5주가 되었다. 아직도 손바닥으로 목을 만질 수는 없다. 오른손이 하지 못하는 일을 왼손이 부지런히 하고 있지만, 일상적인 일은 모두 미루었다. 그나마 다행인 것은 노트북을 열어 마음대로 키보드를 누를 수 있다는 것이다. 예전에는 몰랐다. 손바닥에서 목까지의 거리가 이렇게 먼 줄은, 손바닥을 뻗어 목을 만지려고 하면 심줄이 당기고 아파서 손가락 마디가 겨우 닿을 뿐이다.

그동안 살면서 오른손을 소중하게 여기지 못한 대가를 톡톡히 치르고 있다. 사는 일도 이와 같았으리라. 고마움을 모르고 넘어간 일들이 수없이 많았으리라. 기억도 하지 못한 일들도 많았으리라. 그사이에 일체유위법을 되뇌었던 깨달음의 마음이 스멀스멀 사라지고 있다. 인간이란 어쩔 수 없는 것인가. 잊고 깨닫고 뉘우치며 반복되는 삶을 사느라 더없이 바쁜 것 같다.

시간이 흐르면 좋아질 것이라고 말하는데 마음이 조급해진다. 빨리빨리 살아오느라 기다리는 일이 쉽지 않다. 팔을 마음대로 사용하지 못해 천천히 생활하면서 수많은 생각을 했는데 그 마음은 어디로 갔을까. 벌써 이렇게 조급증에 시달린다. 이제 내려놓고 살자고 나를 다독여 본다.

이제라도 미안해

 항상 그만큼의 거리에 서 있었다. 기회만 있으면 박학다식한 지식을 쉴 사이 없이 알려 주었던 시크한 너, 그만큼의 거리에서 잘 살 거라고 믿었다. 마음을 드러낼 시간도 주지 못하고 다그치며 아픔만 주어서 미안했다. 아무리 말해도 위로가 될 수 없는 날이겠지. "이제라도 미안해!"라고 차마 전달되지 못할 말을 중얼거려 본다.

 사는 일이 늘 그랬다. 가까운 사이일수록 세심하게 마음을 들여다봐야 하는데 정확히 말하지 않고 넘어갔다. 상처가 될 줄 알면서도 그냥 시간을 흘려보내고 지레짐작만 했다. 대충대충 넘어가서 너에게 안위를 보장해 주지 못했다. 너의 마음속에 깊숙이 들어가지 못한 모든 날이 미안했다.

 굳이 오지 말라는 너의 마음을 헤아려 기다려 주지 못했던 그날도 미안했다. 몸과 마음이 힘들었던 시간이 쌓이다 보니 내 입장만 앞세우고 너를 배려하지 못했다는 것을 너무 늦게 알았다. 자신의 자리에서 긍정적으로 살고 있다고 생각했기에 스스로 자초한 일이 많았다.

안주하지 못한 어리석음으로 앞만 보고 달렸던 날들, 모든 날을 돌려 과거로 회귀할 수 있는 능력이 있다면 다시 시작해 볼 수 있을까. 아니 잘할 수 있을까. 되뇌어 본다. 이제 너는 내 손길이 필요하지 않은 나이가 되었다. 너의 모든 날, 잘 살아 주었음에 그저 고마울 뿐이다.

10년 넘게 쓰고 있는 노트북이 고장 날까 걱정되어 하나 사 달라고 주문하면서 혹여나 하는 마음을 갖지 않았다면 거짓말이다. 무엇이든 알아서 하겠다던 너는 노트북만 사다 놓고 가 버렸다. 퇴근하여 전화하니 벌써 너릿재를 넘고 있었다. 어둠이 몰려오고 갈 길이 먼 줄 알면서도 꾹꾹 눌러 버리지 못한 두서없는 말들을 너에게 쏟아 냈다. 서운했던 마음을 처음으로 말하는 너. 그런 너를 기다려 주지 못해서 미안했음을 너무 늦게 알았다.

바쁘다는 이유로 노트북만 물끄러미 바라보다가 며칠 만에 전원을 눌렀다. 비번을 입력하려는데 실패만 거듭했다. 자정이 넘은 시간 전화를 하니 받지 않기에 잠이 들었나 중얼거리고 문자만 남겼다.

"비번이 무엇이냐?"

얼마쯤 시간이 흐르고 답장이 왔다. 알려 준 비번도 잘못 눌러 "챌린지 구"란 글자가 나온다고 문자를 보냈더니 답답했던지 전화로 이것저것 알려 주었던 너.

최근에 어이없는 일들이 연이어 일어났다. 팔을 다쳐 병원에 입·퇴원했고, 차 범퍼 수리도 했다. 냉장고와 세탁기가 고장 나 새로 샀다. 급기야는 핸드폰 스미싱을 당했다. 엎친 데 덮친 격이었다. 피해를 막기 위해 이리저리 뛰어다니느라 몸은 지쳐 버렸다.

나를 관장하는 신이 주는 무언의 계시일까 생각하다가도 혼란스러움에 원망도 한다. 그러다가도 뉘우치며 살라는 뜻인가 보다 긍정적인 생각도 해 본다. 하루에도 수없이 맘이 바뀐다. 작은 깨달음이지만 이제라도 알았으니 얼마나 다행이냐고 스스로를 위로한다.

너를 생각하는 늦은 밤, 미안한 사람이 너만이 아님을 알겠다. 돌아보면 이유를 묻지도 않고, 진실을 알게 되는 것이 두려워 회피했던 날들이 더 많았다. 대충 넘어가고 말았던 모든 날이 잘못되었음을 이제는 알겠다. 뒤늦게 잘못했다고 말하면 뭐하냐고? 반문해도 말하고 싶다. "이제라도 미안해."라고, 나의 모든 인연에게 전해지길 중얼거려 본다.

삶이 그대를 속일지라도

 푸시킨의 시를 되뇌는 밤이다. 겨울밤이 길어 책꽂이의 책을 잡아 펼치는데 그곳에 푸시킨의 시 한 편이 눈이 붙든다. 참 오랫동안 마음에 담고 다닌 시다. 명언 같기도 한 시를 뜻없이 유년의 나는 마음에 품었다. 푸시킨이 누구인지도 모르면서, 삶이 어떤 것인지도 모르면서 읽었는데 다시 접하니 새로운 느낌이 든다.

 이 시를 맨 처음 발견한 것은 책이 아니었다. 그렇다고 요즘처럼 인터넷이 발달한 시절도 아니었다. 그것은 낡은 사진첩 속이었다. 볕이 따스한 유년의 어느 겨울날 심심하여 이리저리 다니다 방 한쪽에 있는 사진첩을 펼쳐 들었다. 사진첩 사진에 사람 얼굴과 함께 푸시킨의 시가 적혀 있었다. 지금은 너무 오래되어 누구의 사진이었는지 가물거리지만, 아버지의 군대 시절 사진이었지 싶다.

 "삶이 그대를 속일지라도/ 슬퍼하거나 노여워하지 마라./ 절망의 나날 참고 견디면/ 기쁨의 날 반드시 찾아오리라./ 가슴은 미래에 살고/ 현재는 한없이 슬픈 법/ 모든 것은 한

순간 사라지지만/ 가 버린 것은 그리움이 되리라."

삶에 대한 시였다. 유년의 아이가 무엇을 알았을 리 없지만, 삶이란 마음대로 살 수 없다는 것을 진즉에 본능적으로 알아 버린 건 아닌가 생각한다. 명언 같기도 하고 철학적이기도 한 이 시는 삶에 대해 달관하는 자세를 보여 준다.

그는 근대 문학의 시조라고 불리는 러시아 리얼리즘의 기초를 확립한 러시아 문학의 창시자다. 물론 유년의 그때는 몰랐지만, 나중에 알게 되었다. 동양이든 서양이든 사람이 살아가는 곳이라면 비슷한 모양새가 형성된다는 걸 진즉에 알았지만 인정하고 싶지 않았는지도 모르겠다.

절망의 날을 참고 견디면 기쁨의 날이 찾아오고, 현재의 슬픔도 시간이 지나면 소중한 것이 된다는 것을 나이 들어 느끼게 된다. 유년에 읽었던 푸시킨의 시를 이 겨울밤 다시 읽으며 절망의 날도 슬픔의 날도 내가 살아 낸 날이라는 것을 다시 한번 돌이킨다. 더는 좋아지지 않는다고 해도, 잘 이별하지 못했던 지난날들도 소중한 나의 것이었다.

푸시킨은 정치 시나 풍자시 때문에 남러시아로 추방당하고 편지 한 통이 원인이 되어 유배 생활도 했다. 하지만 유배 중일 때가 가장 왕성한 창작 활동을 한 시기였다고 한다. 나중에 모스크바로 귀환을 하지만 글을 검열당하고 개인적 자유까지 제약된다. 경찰로부터 감시도 당한다. 나중에 관직에 등용되어 사직하고 싶어 했지만 거부당하고 그를 미워하는 세력가들이 꾸민 음모에 결투하다 치명상을 입어 죽는다.

〈삶이 그대를 속일지라도〉 그의 시처럼 그의 삶이 만만치 않았음을 알 수 있다. 하지만 그 또한 살아 내지 않았나 싶다. 푸시킨은 한때 유배 생활을 하면서 우리 인간의 삶과 본질에 대해 깊이 생각하게 되는 시간을 가졌을 것이다. 푸시킨의 유명한 일화가 있다.

모스크바 광장에서 눈먼 걸인이 구걸하고 있는데 그 역시 가난한 형편이라 도움을 주지 못하고 글씨 몇 자를 써 주었다고 한다. 며칠 후 친구와 함께 그 광장에 갔는데 걸인이 그의 목소리를 알아듣고 와서 감사의 표시를 했다. 친구가 궁금하여 그날 써 준 내용이 무엇이었는지 물었다. 그는 별거 아니라면서 "겨울 왔으니 봄도 멀지 않으리!"라고 대답했다. 사람들은 걸인이 지닌 글을 보고 "지금은 비록 힘든 날을 보내고 있지만, 희망을 잃지 않는 사람이니, 봄을 기다리는 이 사람은 도와줄 필요가 있다."라고 내일의 희망을 읽었을 것이다.

새해가 밝았다. 지금까지 살아온 것처럼 우리는 또다시 어려운 한 해를 살아 내야 한다. 푸시킨의 시처럼 삶이란 것이 결코 쉽지 않을 것을 알면서도 우리는 다시 힘을 낼 수밖에 없다. 지난 한 해 힘들게 버텨 온 시간이었다. 오늘 밤 문득 푸시킨의 시가 내게 온 것은 결코 우연이 아닌 듯하다. 보이지 않는 그 무엇이 있어 조금은 위로해 주고 싶은 따스한 손길 같은 것은 아닐지, 문득 그렇게 믿고 싶다.

  행복의 순간도 시간이 흐르면 사라진다. 나이 들면서 마음의 고요를 위해 평안을 유지하고 싶다는 생각을 더 많이 한다. "가슴은 미래에 살고/ 현재는 한없이 슬픈 법"이라는 푸시킨의 시처럼 현재는 힘들고 고달픈 것이 아닌가 싶다. 미래에 사는 마음 하나 가지고 느리고 어설프지만, 천천히 걸어가련다.

  헤아릴 수 없이 무량한 시간을 건너왔지만, 다시 그만큼 건너가야 한다. 삶이 나를 속일지라도 오늘을 견디면 따스한 봄날이 올 것이다. 이 겨울밤 나의 기도는 인생 고해에서 벗어나길 두 손 모아 발원한다.

■ 서평

함축된 생(生)의 진실 찾기

수필가 장미숙

1. 근원적 고통의 뿌리

"쓰지 않으면 죽을 것 같은 마음", 임미리 작가가 프롤로그에서 터트린 첫말이다. 그렇다. 글을 써야 하는 이유가 거창하지 않다. 살기 위해서 쓴다는 그 절대적인 말 앞에 다른 건 침묵한다. 더 무엇이 필요하겠는가. 글이 나를 살게 하고, 위로하며, 나답게 하고, 이끌어 주니 그 지렛대 하나 꽉 붙잡고 있다면 글은 평생의 동반자가 되는 것이다. 떼어 내 버리고 싶어도 떨어지지 않는, 멀리하려 해도 다시금 돌아와 엉겨 붙는, 그러니 옷처럼 입고 모자처럼 쓰고 다녀야 할 몸의 일부 같은 것이라 할 만하다.

그렇다면 글을 쓰면서 행복하기만 할까. 그건 아니다. 글에 발목이 잡혀 버렸으니 자유롭지 못함을 스스로 인정한다. 고행임을 알기에 후회도 한다. 그런데 결론은 어떤가. 다시 글 앞에 돌아와 좌정하고 머리 숙인다. 나를 들여다보고 다독이며 희망이라는 진리의 새싹에 북을 준다. 우직하게 글 밭을 가꿔야 한다는 걸 작가는 너무나 잘 알기 때문이다.

작가가 얼마나 집필 활동에 치열한지는 출간한 책을 보면 알 수 있다. 그녀는 2008년 《현대수필》의 수필과 《열린시학》의 시로 등단한 이후, 네 권의 시집과 세 권의 수필집을 발간했다. 2년에 한 번꼴로 꾸준하게 작품집을 엮었다. 이를 통해 쓰지 않으면 죽을 것 같은 작가 정신을 증명한 셈이다. 무릇 작가란 어떠해야 하는지를, 얼마만큼 치열하게 글의 집을 지어야 하는지를 보여 준다.

화순에서 공무원으로 재직하고 있는 그녀에게 어떤 삶이 있었기에 그토록 글에 매달려야 했을까. 제호, 《펭귄 만나러 가자》에는 그녀의 그런 간절함이 담겼다. 수필의 힘은 진솔함에 있고 진솔함이란 사람의 마음을 움직이는 매우 강력한 힘이다. 아무리 뛰어난 문장을 쓸지라도 진솔함이 없으면 독자의 마음을 끝까지 잡을 수 없다. 수필은 또한, 자신과의 대화를 끊임없이 시도하게 하므로 삶에 진지해질 수밖에 없다.

《펭귄 만나러 가자》는 총 5부로 구성되어 있으며 장마다 선명한 주제를 제시한다. 1부에서는 주관과 객관을 오가며 부모님의 삶, 즉 근원적인 고통의 뿌리에 접근하려 애쓴다. 2부는 여행을 통해 주관이 아닌 객관의 삶을 들여다본다. '나'가 아닌 '우리'를 생각하고 우리를 위해 산 사람들을 만나며 그들의 목소리에 귀를 기울인다. 3부는 자연의 성실함과 일상의 가치 속에서 자신의 삶을 되짚는다. 무릇 생명을 가볍게 보지 않고 존재의 의미를 되새기는 사색의 깊이가 묻어난다.

4부는 드라마나 책에 담긴 메시지를 분석하며 무엇이 옳은 삶인가를 끊임없이 탐구한다. 대사 한마디에 함축된 생의 진실을 캐내듯 작가의 시선이 매우 날카롭게 번득인다. 5부는 사람들의 관계에서 겪는 갈등과 오해, 그리고 이해를 통해 차이를 인정하고 받아들인다. 무엇하나 순조롭게 흘러가지 않는 모순의 세계가 바로 세상이 아닌가. 그런 세상 속에서 자아는 끊임없이 갈등한다. 신체의 부자유함이 주는 불편함조차도 낱낱이 되짚는 작가의 시선이 섬세하다.

임미리 작가의 글은 파토스와 에토스가 적절하게 어우러졌다. 감각적이고 서정적인 문장을 추구하며 독자의 감성을 자극하는 설득술인 파토스를 통해 작가는 끊임없는 자신의 언어를 탐구하고 조탁한다. 일상의 틀에 갇혀 굳어 버린 사유를 두드리고 달래 넓은 세계로 이끄는 솜씨가 탁월하다. 또한, 의식을 통해 에토스를 형성한다. 수사적이고 문학적으로 텍스트에 반영된 화자의 성격을 뜻하는 에토스, 즉 얼마나 신뢰가 가는 사람인가를 따져 볼 때 작가의 사유에 나타난 성격은 이를 반영한다.

무엇보다도 감동이 작품의 전면을 아우른다. 억지로 만들어 내는 게 아닌, 삶 속에서 몽글몽글 솟는 감동이다. 수필은 일상의 작은 것들에 의미를 부여하고 창조적으로 재구성하여 또 다른 하나의 세계를 구축한다. 그 세계는 현실이지만 현실이 아니고, 과거지만 과거가 아닌 시공간을 넘나들며 누군가의 감성에 안착한다. 글을 읽고 가슴에 잔잔한 파문이 인다면 독자가 화자의 시간 속으로 스며든 것이다.

기억을 어떻게 바라보느냐에 따라 그 기억은 생명을 얻기도 하고 폐기되기도 한다. 어떤 기억도 사진처럼 정확하지는 않다. 하지만 사진보다 기억을 재현한 글이 감동을 주는 건 화자의 감성이 고스란히 글에 배어 있기 때문이다. 그런 면에서 임미리 작가의 글에는 볼수록 정이 가는 따뜻함이 서려 있다. 지친 마음이 평안을 찾는 처소라 할 수 있겠다.

2. 자연과 인간에 대한 관계 맺기

알고 있지만, 어쩔 수 없는 것들, 아닌 걸 알면서도 거부할 수 없는 게 세상에는 존재한다. 노동의 시간은 많은 걸 잉태

한다. 육체와 정신의 일치로 인해 평화가 유지되고 반대로 부조화를 통해 쇠락과 퇴락의 길이 열리기도 한다. 이제 노년을 맞은 세대의 삶이 그 중심에 있다.

  작품의 전체적인 흐름이 곧 사색과 성찰이라는 점에서 임미리 작가는 글쓰기를 통해 늘 새롭게 거듭나고자 한다. 거듭남을 가능케 하는 건 삶의 뿌리인 부모님의 삶 속으로 스며드는 일이다. 그녀에게 부모님을 대변하는 건 복숭아나무이다. 수많은 봄꽃 중 아름답기로 유명한 복숭아꽃, 박완서 소설가가 '화냥기' 어린 꽃이라고 했을 정도로 요염하기까지 한 복숭아꽃을 작가는 좋아하지 않는다.

> "자연과 더불어 살아온 부모님께 생명 없는 것은 없었다. 폐원을 할 수 없는 상황이 되면서 부모님이 나이 드시면 과수 농사를 하지 않아도 될 줄 알고 세월이 가기만을 기다렸다. 과수원의 주인이 되고 싶었던 아버지는 과수원의 노예가 되어 젊은 날을 그곳에 바치셨다. 더불어 엄마의 꿈도 복사꽃처럼 하르르 지고 곱던 모습은 사라져 얼굴에는 주름살만 한가득 채워졌다."
>
>   -〈생명 사유〉일부

〈고향의 봄〉이란 동요에 나오는 복숭아꽃은 우리나라를 대표하는 봄꽃이기도 하다. 복숭아꽃이 만발한 아름다운 계곡을 '무릉도원'이라 칭했다. 복숭아는 또한 '신선의 과일'이라고 했을 만큼 예로부터 귀히 여겼다. 하지만 작가에게 복숭아는 애증의 과일이다. 부모님께서 사십여 년 복숭아 과원을 운영하셨기 때문이다. 다른 과실에 비해 유독 관리하기가 어려웠기에 아버지와 어머니의 삶에는 옹이가 빼곡하다.

뭇사람들에게는 탐스럽고 먹음직스러운 복숭아가 작가의 눈에는 어머니의 봄날을 앗아 간 고달픈 시간의 대명사가 된 것이다. 치매로 인해 기억이 사라지는 상태에서도 무의식적으로 자식을 걱정하는 아버지를 보며 그녀는 결국 본질로 돌아온다. 사색을 통해 성찰에 이른 작가의 내면, 그곳에 구축된 세계는 온전한 삶을 추구하는 끝없는 탐구의 영역이라 하겠다.

탐구는 여행을 통해서도 계속된다. 여행에 어떤 목적을 두는 건 아니지만 자연스럽게 마주하는 것들은 때로 큰 깨달음이라는 가치로 발현된다. 4·19 혁명의 도화선이 된 김주열 열사 기념 공원에서 작가는 17살이었던 열사의 죽음을 되새긴다. 군사정권에서 시대의 희생양이 되었던 젊은 피들을 생각하는 건 아프다. 자식을 둔 사람이라면 그런 아픔을 상기할 때 가슴에 멍울이 질 것이다.

이한열 열사의 생가터가 있는 화순에 살기에 그녀는 자꾸만 새롭게 오는 봄에 빚진 것 같은 기분이다. 찬란한 봄을 마음껏 맞이하지 못하고 죽어 간 그들의 안타까운 생을 위해 작가는 봄을 온몸으로 맞는다. 여행이라고 하면 유명하고 볼거리가 풍부한, 혹은 먹을거리가 넘치는 곳, 아름다운 풍경을 선호하는 게 일반적이다. 하지만 작가는 그런 곳보다는 사람들이 찾지 않는, 잊힌 듯 쓸쓸한 곳에서 자신만의 의식을 치른다. 성찰과 사색은 삶의 축을 이루는 주제라고 할 수 있겠다.

"펭귄을 만나러 가기 위해 열심히 살아질까 모르겠지만 약속이란 희망의 다른 이름이다. 세파에 시들어도 내일의 약속은 기다림을 준다. 펭귄과 악수하는 그날 알 수 있지 않을까? 사람이란 꼭 경험하고 상처를 주고받으며 후회하는 과정을 거쳐야 살아지는지, 나는 왜 태어났는지, 아니 몰라도 괜찮으리라. 아장아장 걷는 펭귄을 만나러 가는 그날을 기다리면서 그렇게 살아질 것이다."

― 〈펭귄 만나러 가자〉 일부

사람은 태어난 이상 자신의 몫을 살아야 한다. 죽음은 정해져 있지만, 그때를 알 수는 없다. 죽음에 관한 건 인간의 영역이 아니므로 사는 동안은 죽을힘을 다해 살아야 한다. 펭귄을 만나든 해달을 만나든 오늘 하루를 살아 내는 건 의지를 실천하는 하나의 과정이라고 해도 좋을 듯싶다.

  마음이 복잡하거나 수런서릴 때면 산을 찾거나 녹음 속에 스며들고 싶다는 이들을 본다. 해결되지 않는 문제가 있을 때도 마음에 위안을 주는 연두나 초록을 떠올리는 이들이 많다. 자연의 치유력에 의지하고자 하는 건 평화로운 삶을 갈구하는 인간의 본능이다. 문학의 본령이 자연과 인간에 대한 관계 맺기를 통해 생의 원리를 발견한다는 점에서 작가에게도 자연의 변화나 계절의 흐름, 유년의 기억들이 중요한 모티브로 작용한다.

> "창문 너머로 들려오는 저 소리가 정겨운 것은 쓸고 나면 정갈해지는 마당이 생각나기 때문이다. 아무 걱정 없이 살 수 있었던 유년은 그리움이다. 향긋한 꽃 내음의 보라색 작은 꽃잎이 아른거린다. 문득 싸리나무 꽃말이 궁금하여 검색해 본다. 사색, 상념이란 단어가 나온다. 싸리나무 소리에 온몸의 세포가 일제히 깨어나는 이유를 알 것 같다."
>
>   - 〈싸리나무 상념〉 일부

사색과 상념은 결국 무의식의 영역과의 교류를 형성하고 정신의 상호 협력을 통해 통찰과 성찰로 이어진다. 자연에 대한 일시적인 감탄이 아닌 그 의미를 들춰 보는 행위는 궁극적인 의미에서 순수함의 본질로 돌아가고 싶은 갈망으로 풀이된다. 작가가 자연에서 위안을 찾고 시간의 깊이를 헤아리며 추억으로의 회귀를 꿈꾸는 건 현실의 삶에 더욱 충실하고 싶은 욕구라고 할 수 있다.

> "얼마나 더 비워 내야 오래된 기억을 퍼 올리지 않아도 살아질까. 텅 빈 우물처럼 나를 말려 온전히 인정하면 받아들여질까. 어쩌면 퍼낼 물이 남았다는 것이겠지. 아직은 멀었다. 순백의 눈발을 받아들일 수 있는 진정한 나목이 되기까지는 먼 길이다."
>
> - 〈나목(裸木)〉 일부

나무가 연두와 초록의 파릇한 생에서 갈색의 완숙함으로 변하고, 다시 무(無)인 나목이 되기까지 나무는 변화와 내어줌을 당연히 받아들인다. 온전한 나목이 된다는 건 욕심과 욕망을 덜어 내는 일, 그게 쉬울 리 없다. 나무도 숱한 환경 속에서 흔들리고 부대끼며 자신의 색을 지키려고 안간힘 썼듯이 작가의 마음에도 갈등이 촉을 세운다. 비우고 채우면서 다시 새롭게 거듭나는 일, 글쓰기야말로 그 일을 가능하게 한다는 점에서 작가의 성찰은 의미를 확보한다.

3. 자신과 대면하기

 수필의 문학성은 감각적 리얼리즘을 통한 형상화에 있다. 기억이나 경험을 문학적인 언어로 재배열하고 구조화하는 과정에서 미적 감동이 생성된다. 문학적 언어는 함축을 바탕으로 성립되는데 이에는 암시, 연상, 시사, 뉘앙스, 환기 등이 있으며 어조나 태도, 감정을 전달한다. 언어의 자원을 모아 배치하고 조직함으로써 미적 경험을 창조한다는 뜻이다.
 작가의 여러 작품에서 문학적인 배열의 유기성을 발견할 수 있는 건, 작가가 시인이라는 점도 작용한 듯하다. 시의 함축이나 연상 등이 수필을 쓰는 데 도움이 되었을 테니 말이다. 곳곳에 감각적인 표현이나 상징들이 숨어 있음으로써 사유의 길을 열어 놓았다. 현상과 상상, 무의식이 드나들며 작가의 감각을 깨운다. 감각은 촉수를 넓혀 미적 언어와 질서를 설계한다. 이는 주제를 형상화하고 독자를 감동적으로 설득하는 내적 논리인 로고스에 가닿는다.
 수필은 주관적인 직관력이 필요하며 직관은 해석의 과정을 거친다. 그리하여 깊은 사유로 이어지며 그건 다시 작가의 인생철학이 되어 작품에 녹아난다. 작가가 끊임없이 사물을 관조하거나 성찰함으로써 무의 존재는 유로 거듭난다. 시와 수필을 오가는 작가의 상상력과 감수성은 작품의 무게와 깊이를 결정짓는 필요조건이 아닐까 한다. 물론 가장 중요한 건 끊임없이 자신을 들여다보며 내면의 자기를 끌어내 글의 중심에 세우는 일이다.

임미리 작가는 그런 자기 성찰을 통해 거듭남의 삶을 지향한다. 자신의 실수나 욕망을 정직하게 대면하면서 미화하려 애쓰지 않는다. 실패를 인정하고 그것에서 새로운 가치를 발견하려는 태도를 보인다. 이는 문학의 진정성이란 차원에서 바람직하다. 수필은 개인적인 경험을 바탕으로 서사나 사유를 펼쳐 나가기 쉬우므로 자칫 주관적인 감상에 사로잡힐 수 있다. 물론 주관적이라고 해서 보편적이지 말라는 법은 없지만, 지극히 개인적인 이야기는 보편성을 얻기 어렵다. 그런 점에서 임미리 작가의 글은 폭넓은 다양성을 가진다.

> "김주열 열사의 기념 공원에 앉아 느닷없이 이한열 열사를 생각하게 되었다. 이한열 열사의 생가터가 화순군 능주면에 있다. (...) 김주열 열사 기념 공원을 나와 섬진강 맑은 강가를 거닌다. 강물처럼 흘

러가면 좋았을 일들이 거슬러 오르다 보니 많은 희생을 낳게 되었다. 세상사 모든 일은 감추려고 해도 시간이 흐르면 맑은 강물처럼 모든 것들이 드러나게 되어 있다. 문득 표지석밖에 남지 않은 이한열 열사의 쓸쓸한 생가터가 생각난다."

- 〈또 봄이 오려나 봐〉 일부

김주열 열사나 이한열 열사의 이야기가 그렇고 김삿갓이나 5·18 민중항쟁 사적지에 관한 서술 등이 그러하다. 작가란 무릇, 세상의 모든 기쁨, 슬픔, 고독, 외로움을 들을 줄 아는 귀를 가져야 한다. 소외된 이웃이나 방치된 역사, 잊힌 인물들에 대해서도 마찬가지이다. 이는 작가의 마음이 세상의 낮은 곳으로 열려 있음을 증명한다.

또한, 드라마 시청을 재미나 감상 차원으로 끝내지 않고 자신의 생활에 접목하고 이를 통해서 성찰을 시도한다. 그녀에게는 보이는 것, 들리는 것, 생각하는 모든 게 삶과 연결되어 작품으로 태어남을 알 수 있다.

"지난해 유독 많은 일을 겪었다. 그동안 참회하지 못한 시간이 한꺼번에 몰려와 벼락과 번개를 쳤다. 참회 수행을 하지 않은 결과였을까. 생각들이 꼬리를 물고 들어앉았다. 알면서도 묻어 둔 일들이 터져 나왔다. 고난은 한꺼번에 몰려온다는 말이 이해가 되었다. 허망했다. 생각지도 못한 일들이 일어나고야 '참회'라는 말이 번개처럼 다가왔다."

― 〈일장춘몽, 참회〉 일부

 참회는 나를 정면으로 직시하는 일이다. 나의 현재도, 거울에 비친 모습도, 실수투성이인 생활도 모두 나다. 그러므로 하루하루가 소중하고 열심히 살아야 할 이유가 된다고 작가는 말한다. 그러기 위해서는 나를 정면으로 대면하는 일이 먼저이다. 감추어진 나를 찾는 길, 그게 바로 글쓰기가 아닐까.

 푸시킨의 시를 좋아하는 작가는 어렸을 적, 아버지의 군대 시절 사진 속에서 처음 푸시킨을 접했다. 그 뒤로 그의 시는 삶의 지침서가 되어 주었다. 그뿐만 아니라 문학의 길을 가는 데 있어 디딤돌 역할도 한 것으로 보인다. 누구든 글을 쓸 수 있지만 글 안에 자신의 사상을 온전히 녹여 내기란 쉽지 않다. 개성을 살리면서도 보편성을 얻는 글 또한 어렵다. 생에 닥쳐오는 모든 일은 기록에 의해서 생명을 얻는다. 그러므로 작가 정신을 잃지 않고 끊임없이 자신의 내면과 대면하며 진정한 자아를 찾는 건 글쓰기에서 필수 조건이라 하겠다. 그런 의미에서 시어를 품고 하루를 수필처럼 사는 여자, 그녀가 바로 임미리 작가이다.